JISHU CHUANGXIN HE SHANGYE MOSHI CHUANGXIN TUIDONG ZHONGXIAO QIYE NIXI:
GUANGDONG DE SHIJIAN

技术创新和商业模式创新推动中小企业"逆袭"

——广东的实践——

李善民　史欣向 ◎ 著

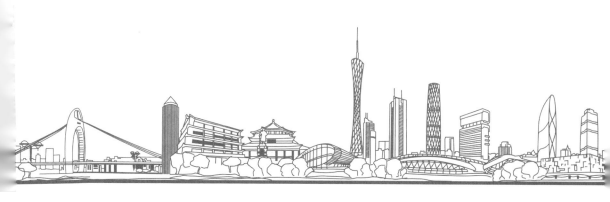

中山大学出版社
SUN YAT-SEN UNIVERSITY PRESS

· 广州 ·

版权所有　翻印必究

图书在版编目（CIP）数据

技术创新和商业模式创新推动中小企业"逆袭"：广东的实践/李善民，史欣向著. —广州：中山大学出版社，2019.5
ISBN 978-7-306-06552-0

Ⅰ.①技… Ⅱ.①李…②史… Ⅲ.①中小企业—企业发展—研究—广东 Ⅳ.F279.243

中国版本图书馆CIP数据核字（2018）第300547号

广东省软科学重点项目（批准号2016B070704004）资助

出 版 人：王天琪
策划编辑：曾育林
责任编辑：曾育林
封面设计：曾　斌
责任校对：付　辉
责任技编：何雅涛
出版发行：中山大学出版社
电　　话：编辑部 020-84110771，84113349，84111997，84110779
　　　　　发行部 020-84111998，84111981，84111160
地　　址：广州市新港西路135号
邮　　编：510275　传　真：020-84036565
网　　址：http://www.zsup.com.cn　E-mail: zdcbs@mail.sysu.edu.cn
印 刷 者：佛山市浩文彩色印刷有限公司
规　　格：787mm×1092mm　1/16　8.5印张　160千字
版次印次：2019年5月第1版　2019年5月第1次印刷
定　　价：38.00元

如发现本书因印装质量影响阅读，请与出版社发行部联系调换

序　言

习近平总书记指出，创新是引领发展的第一动力，是建设现代化经济体系的战略支撑。在中国经济进入新常态的背景下，中小企业要破解市场需求变化，突破大企业"围逼"，获得生存空间，实现发展壮大，必须走技术创新和商业模式创新融合的道路。党和国家领导人在不同场合强调，要把科技创新摆在更加重要的位置，深化科技体制改革，建立以企业为主体、市场为导向、产学研深度融合的技术创新体系，加强对中小企业创新的支持，促进科技成果转化。李克强总理指出，应积极支持大中小企业融通发展、服务业与制造业有机结合，鼓励制造、电信、软件等企业跨界合作，发展网络化协同研发制造、大规模个性化定制、服务型制造等新模式。事实上，中央政府已清楚地指明技术创新和商业模式创新融合对中小企业发展壮大的重要推动作用。

广东是改革开放的前沿阵地，中小企业是广东经济发展最鲜明的特色和支柱。然而，在经济新常态背景下，广东中小企业经历了巨大的"阵痛"，也摸索出了一条技术创新和商业模式创新融合的成长道路。广东中小企业面临的问题也是全国中小企业面临的共性问题，广东中小企业摸索形成的经验也是全国中小企业所需要的。广东经验需要总结，但更主要的是广东中小企业未来如何实现可持续发展，如何率先为全中国中小企业探索出一条可行之路。这是专家学者关心的理论问题，也是企业和政府关心的现实问题。广东省软科学重点项目"广东中小企业实现'逆袭'的路径和对策研究：科技创新与商业模式创新融合发展视角"（批准号2016B070704004）就是在此背景下获得资助的。本书是该课题项目的重要成果之一。李善民教授是本书的总负责人，史欣向副

I

研究员负责统筹组织，课题组主要成员均参与了本书的撰写和修订工作。本书的主要内容包括四个部分：第一章 研究背景与文献综述，由杨继彬博士生和黄灿博士撰写；第二章 科技创新与中小企业"逆袭"，由许金花博士、庄明明博士生和公淑玉博士生撰写；第三章 商业模式创新与中小企业"逆袭"，由史欣向副研究员、黄志宏博士生、兰洁博士生撰写；第四章 启示："两轮驱动"助力中小企业"逆袭"，由史欣向副研究员、赖烽辉博士生、王悦琪硕士生撰写。

本书在写作过程中，非常重视理论研究和实际调研。在李善民教授的带领下，课题组收集、整理和阅读了大量的中外文献，同时，还组织国务院发展研究中心，广东省社会科学院，广东省委政策研究室，华中科技大学、中山大学、暨南大学等科研机构的专家学者开展了多次研讨会。这些工作保证了本书在理论分析方面具有较宽广的视野和一定的前沿性。另外，为保证本书的对策建议具有较强的针对性和可操作性，避免"闭门造车"，出现政策空洞无法落地的问题，课题组在李善民教授的带领下对广东省内主要城市的中小企业进行深入调研，同时，还访谈了政府科技部门、新型研发机构（如清华大学深圳研究院、华中科技大学东莞研究院等）的相关负责人，获得大量的一手资料。此外，李善民教授还带领课题组赴成都、绵阳和武汉等地进行调研，走访了十多家中小型科技企业，与当地科技部门进行了二十多场访谈。因而，本书的成书离不开众多专家学者的指导，离不开政府科技部门和众多企业负责人的大力支持。在此一并致谢！希望本书可以为广东乃至全国中小企业立足市场、发展壮大提供若干启示。果真如此，这将是对课题组工作的最大肯定！

李善民于广州

2019-02-11

目 录

第一章 研究背景与文献综述 ··· 1
  一、广东中小企业的发展现状与面临的挑战 ······························· 1
    （一）发展现状 ··· 1
    （二）面临的挑战 ·· 3
  二、文献综述：技术创新与中小企业的成长 ······························· 4
  三、文献综述：商业模式创新与中小企业的成长 ······················· 13
    （一）技术创新与商业模式的关系 ·· 13
    （二）商业模式创新文献回顾 ·· 14

第二章 科技创新与中小企业"逆袭" ······································· 19
  一、科技创新的类型与作用 ·· 19
    （一）科技创新的类型 ·· 19
    （二）科技创新的作用 ·· 20
  二、广东中小企业科技创新的现状 ·· 23
    （一）广东技术创新环境的现状分析 ···································· 23
    （二）广东推动技术创新的举措及效果分析 ························· 26
    （三）广东中小企业科技创新面临的主要问题 ····················· 34
  三、广东中小企业科技创新实现"逆袭"的路径 ······················ 36
    （一）坚持"政府搭台，企业唱戏"，加大软硬件基础设施
          投入 ·· 36
    （二）积极转变政府职能，提升政策制定和执行能力 ············ 37
    （三）构建全方面服务体系，激发创新主体活力 ·················· 37
    （四）加强知识产权保护，为企业创新创造良好的环境 ········ 38

（五）积极引入大院大所，加强源头科技创新 ………… 38
四、广东中小企业技术创新与发展壮大的典型案例 ………… 39
  案例之一：深圳大疆创新的技术创新"逆袭" ………… 39
    （一）公司基本情况 ………………………………… 39
    （二）大疆创新实现"逆袭"的路径 ……………… 42
    （三）大疆创新实现"逆袭"的启示 ……………… 49
  案例之二：珠海伊斯佳股份的制造"逆袭" ………… 52
    （一）伊斯佳公司基本情况 ………………………… 52
    （二）伊斯佳创新实现"逆袭"的路径 …………… 55
    （三）伊斯佳创新"逆袭"的经验与启示 ………… 56

第三章　商业模式创新与中小企业"逆袭" ………… 59
一、商业模式创新与中小企业成长 ………………………… 60
  （一）商业模式与商业模式创新 …………………… 60
  （二）商业模式创新的类型与典型代表 …………… 61
  （三）中小企业进行商业模式创新的内在机理 …… 65
二、商业模式创新的重要性和需要注意的问题 …………… 67
  （一）商业模式创新的重要性 ……………………… 68
  （二）设计好的商业模式需要注意的问题 ………… 69
三、广东中小企业商业模式创新的实践与主要问题 ……… 72
  （一）广东中小企业商业模式创新的实践 ………… 72
  （二）广东中小企业商业模式创新的主要问题 …… 74
四、发挥广东特色优势推动商业模式创新的现实路径 …… 76
五、广东中小企业商业模式创新与发展壮大的典型案例 … 79
  案例之一：华大基因——长尾式商业模式 …………… 79
    （一）华大基因的商业画像 ………………………… 79
    （二）华大基因的长尾式商业模式分析 …………… 81
    （三）华大基因长尾式商业模式的启示 …………… 87
  案例之二：达安基因——多边平台商业模式 ………… 88
    （一）达安基因的商业画像 ………………………… 88

（二）达安基因的多边平台商业模式分析 ·················· 90
　　（三）达安基因多边平台商业模式的启示 ················ 96
案例之三：冠昊生物——内外兼收式商业模式 ················ 98
　　（一）冠昊生物的商业画像 ···························· 98
　　（二）冠昊生物的内外兼收商业模式分析 ················ 100
　　（三）冠昊生物商业模式的启示 ························ 106

第四章　启示："两轮驱动"助力中小企业"逆袭" ·················· 108
一、"两轮驱动"：技术创新和商业模式创新 ·················· 108
　　（一）技术创新与核心优势 ···························· 108
　　（二）商业模式创新与独特优势 ························ 109
　　（三）技术创新与商业模式创新的融合 ·················· 110
二、技术创新、商业模式创新与中小企业"逆袭" ·················· 112
　　（一）技术创新与中小企业成长 ························ 112
　　（二）商业模式创新与中小企业成长 ···················· 114

参考文献 ·· 118

附录　《中小企业划型标准规定》 ····························· 124

第一章 研究背景与文献综述

一、广东中小企业的发展现状与面临的挑战

(一) 发展现状

关于中小企业的划分,不同国家的界定标准有所差异,且随着经济的发展而动态变化。各国一般从质和量两个方面对中小企业进行定义,质的指标主要包括企业的组织形式、融资方式及所处行业地位等,量的指标则主要包括雇员人数、实收资本、资产总值等。大多数国家都以量的标准进行划分,如美国国会 2001 年出台的《美国小企业法》对中小企业的界定标准为雇员人数不超过 500 人;欧盟对中小企业的定义则是员工在 250 人以下。在我国,中小企业的划分主要根据我国工信部、统计局、发改委、财政部在 2011 年联合发布的《中小企业划型标准规定》,该规定将中小企业划分为中型、小型、微型三种类型,具体标准根据企业从业人员、营业收入、资产总额等指标,结合行业特点制定(由于每个行业的划分标准不同,且涉及多个行业,故不在此处列出,详情可参考附录)。

作为广东省经济的重要组成部分,广东省中小微企业近年来保持持续较快发展势头,已经成为稳增长促发展的重要力量、调结构促创新的重要载体、吸纳社会劳动力就业的主要渠道。

广东以中小微企业为主体的民营经济总体规模进一步扩大,对全省经济增长的贡献进一步提升。2016 年,广东省以中小微企业为主体的民营经济增加值突破 4 万亿元,达 42689.14 亿元,比 2012 年增长 38%,年均增长 8.4%,高于同期 GDP 增速 0.5 个百分点;以中小微企业为主体的民营经济占 GDP 的比重达 53.7%,比 2012 年提高 1.3 个百分点;对 GDP 增长

的贡献率在2016年达到56.4%。中小微企业市场主体地位进一步巩固提升,2016年年末,全省民营单位872.54万个,年均增长14.8%。民营单位数量快速增长的同时,单位规模迅速扩张,企业集团化运营趋势明显。2016年,全省私营企业户均注册资本金比2012年增长148.5%,全省注册资本亿元以上私营企业比2012年增长6.4倍,2013—2016年私营企业集团年均增加113家。

广东以中小微企业为主体的民营经济三次产业结构持续优化,成为调结构促创新的重要载体。2016年,广东民营经济增加值三次产业结构为8.5∶40.1∶51.4,民营经济在农林牧渔业、住宿餐饮业、批发零售业、房地产业等行业内部占据主要地位,2016年增加值占比分别达到98.2%、85.3%、73.2%和67.8%。

广东以中小微企业为主体的民营经济成为吸纳社会劳动力就业的主要渠道,促进就业税收稳步增长。近年来,广东以中小微企业为主体的民营经济在有效吸纳社会富余劳动力、缓解就业压力、化解社会矛盾、促进社会和谐稳定等方面发挥了重要作用。2016年年末,广东民营经济从业人员3364.5万人,比2012年年末增长17.8%,占全社会从业人员的比重比2012年年末提高5.7个百分点。随着民营经济总体规模持续扩大,民营税收稳步增长。2016年,广东民营企业税收收入9455.09亿元,比2012年增长46.2%,占全省税收总额的比重达48.7%。

目前,一个"大企业顶天立地,中小企业铺天盖地"的企业生态正在广东形成,广东80%以上的新增就业、70%以上的创新成果、60%以上的投资、50%以上的生产总值和税收均由中小企业贡献。2017年1—11月全省规模以上中小工业企业实现增加值1.67万亿元,增长7%,占全省规模以上工业比重的53.3%。前三季度,以中小企业为主体的民营经济完成增加值3.48万亿元,同比增长8.1%,占全省GDP的53.6%[1]。

---

① 资料来源:南方日报网络版。http://www.gdjrb.gov.cn/index.php/article/index/id/6976.html。

（二）面临的挑战

"十三五"期间，随着我国经济发展进入新常态，增长速度正从高速增长转向中高速增长，经济发展方式正从规模速度型粗放发展向质量效率型集约发展转变，经济结构正从增量扩能为主转向调整存量、做优增量并举的深度调整，经济发展动力正从传统增长点转向新的增长点。这一系列变化也给广东中小企业带来了新的问题与挑战。目前，广东中小企业面临的挑战主要体现在以下几个方面：

一是中小企业进行供给侧改革的压力较大。随着市场需求结构和消费方式加快调整，新业态、新消费热点正逐渐形成，供给侧结构性改革加快推进。但许多中小微企业受企业规模、技术水平、专业人才等制约，整体上被挤压于价值链的中低端，开展商业模式创新、跨界融合发展的能力受限，应对去产能、去库存、去杠杆、降成本、补短板的压力较大。

二是国际市场需求不足，给广东的外销型中小企业带来压力。随着全球贸易增长步伐显著放缓，国际市场需求疲软，对外投资乏力，加上部分地区贸易保护主义有所抬头，地缘政治环境更加复杂，广东省对外贸易和投资的不确定性和风险性上升，对外经贸合作增速明显下滑，中小微企业可能面临订单不足、贸易投资风险增大、生产经营困难持续加大等困境。

三是中小企业经营成本压力较大。经济发展新常态下，企业劳动力、原材料、资本等要素价格呈上升趋势，而中小微企业大都处于价值链的中低端，主要依赖低廉劳动力进行粗放型生产，要素成本的提升将挤压中小微企业利润空间，传统发展模式难以为继。

四是企业转型升级动力不足。广东省中小微企业主要集中在批发零售业、制造业、租赁和商业服务业等传统领域，面对转型升级时，存在"不想转、不敢转、不会转"的问题。一方面，转型升级信心不足，不少中小企业长期从事传统行业，看不清产业发展趋势和国内外形势，对下一步发展举棋不定；另一方面，转型升级能力不足，自身实力有限，技术储备不足，无法吸引高端人才，对转型升级望而却步。

针对中小企业进行供给侧改革的压力较大的问题，政府可以通过出台专项资金计划鼓励中小企业进行技术创新和商业模式创新，对中小企业引进高端人才给予人才补贴；针对中小企业经营成本压力较大的问题，政府可以对进行转型升级的中小企业采取税收优惠和税收减免政策，同时，为中小企业提供公共服务平台，降低其研发成本；针对中小企业转型升级动力不足的问题，政府可以通过引入重点发展产业的龙头企业，通过龙头企业的知识与技术外溢来带动该产业链上中小企业的发展。

二、文献综述：技术创新与中小企业的成长

"创新"这一概念最早是由 Schumpeter（1912）提出，Schumpeter 认为，创新就是企业家对生产要素进行创造性的组合，建立出一种新的生产函数——即把生产要素和生产条件进行一种从未有过的新组合，并引入生产体系。Schumpeter 还提出，创新有五种情况：第一，开发新的产品或性能；第二，采用新的生产方法；第三，开辟新的市场；第四，获得新的原材料或半成品；第五，形成新的组织形式。Schumpeter 在其著作中列举了技术创新的一些表现形式，但未对技术创新的内涵给出明确界定。在 Schumpeter 提出"创新"后，多个学者从不同角度对技术创新的定义进行了阐述。Freeman（1987）则从经济学的角度认为技术创新是技术的、工艺的和商业化的全过程，通过这一过程将实现新产品的市场化与商业化。OECD（Organization for Economic Co-operation and Development，经济合作与发展组织）认为技术创新包括新产品创新和新工艺创新，以及在创新中产品和工艺发生了显著变化；产品创新以实现市场上的创新或者工艺创新以在生产工艺中应用了创新作为创新完成的标志。在借鉴国外研究的基础上，国内学者也对技术创新展开了丰富的研究，并对技术创新的概念进行了界定。傅家骥等（1998）认为技术创新是企业家抓住市场的潜在盈利机会，以获取商业利益为目标，重新组织生产条件和要素，建立起效能更强、效率更高和费用更低的生产经营系统，从而推出新的产品、新的生产工艺方法，开辟新的市场、获得新的原材料或半成品供给来源或建立企业新的组织，它是包括科技、组织、商业和金融等一系列活动的综合过程。

由此可见，技术创新始于研究开发而终于市场实现，其中涉及创新构

思的产生、研究开发、技术管理与组织、工程设计与制造、用户参与及市场营销等一系列活动。在创新过程中，这些活动相互联系，有时要循环交叉或并行操作。技术创新的过程不仅伴随着技术的变化，而且伴随着组织与制度、管理方式与营销方式的变化。因此，在广义上技术创新还包括组织与制度创新、管理创新和市场创新。然而，由于我国对技术创新的认识仍不够充分，所以，时常出现将技术创新等同于科技创新的情况。科技创新的意思是创立或创造新的科学技术，是一个纯科学技术领域的概念，与技术创新有本质区别。需要说明的是，本书所要阐述的问题为技术创新。

国内外学者对中小企业的技术创新进行了广泛而深入的研究，经过文献梳理，我们发现其主要研究问题集中于中小企业技术创新的影响因素、中小企业技术创新对企业发展的影响、中小企业技术创新的基本特征、中小企业技术创新的模式选择、中小企业技术创新的绩效评价体系、开放式创新下的中小企业技术创新六个方面。根据这六个方面研究的关系，我们绘制了以下概念框架图。根据框架图，我们分别从这六个方面进行文献回顾。见图1-1。

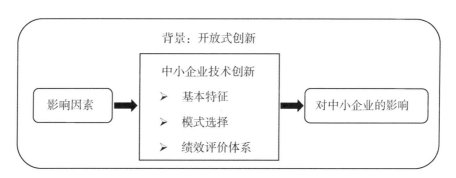

图1-1 中小企业技术创新文献综述框架

国内外学者对中小企业技术创新影响因素的研究主要集中于社会资本、企业家精神、激励机制、政策法规、基础设施建设等方面。 欧阳崚和徐姝（2007）从社会资本角度探讨了中小企业技术创新网络的构建，他们认为社会资本能通过网络、信任和规范等核心要素使企业从与社会网络和其他社会结构的联系中获取利益。Padilla-Meléndez等（2013）认为社会资本在中小企业转移和交换知识的过程中扮演非常重要的角色。郑慕强和徐宗玲（2009）以广东地区两个行业的224家处于集群网络中的中小企业为研究对象，利用层次回归分析和结构方程模型探索了吸收能力在企业外部网络与技术创新绩效之间所起的作用，他们发现吸收能力会影响企业外部网络与技术创新绩效之间的关系。他们认为中小企业进行技术创新时，在积极构建外部关系平台的同时，应该重视自身对外部新信息和知识的接受与消化能力。张惠琴和南毅（2011）通过对四川省中小企业的实证研究，发现不同的基本竞争战略和内部激励机制将对企业技术创新主体与技术创新来源选择产生不同形式的影响。与此同时，竞争战略和激励机制之间还存在着影响企业技术创新策略的交互作用。蔡树堂和吕自圆（2015）证实了股权激励制度和薪酬福利激励制度对提高企业技术创新能力的影响最明显，培训、发展和环境激励制度的影响次之，成就激励制度的影响最小，最终得出物质激励制度在研发人员心中仍然占据着重要的地位。吴岩（2013）通过建立科技型中小企业创新能力影响因素模型，发现来自企业内部的影响因素有内部资源、创新条件和人才基础等，来自企业外部的因素则包括产业状况和环境因素等，从定量的角度研究科技型中小企业技术创新能力的因素，进而为提升科技型中小企业技术创新能力和企业竞争力提供基础。粟进和宋正刚（2014）采用多案例研究方法对4家科技型中小企业驱动技术创新的因素进行研究，发现了企业家精神、研发能力、市场需求与竞争、政府政策与法规是科技型中小企业技术创新的4个关键驱动因素。Porter（1995）认为合理的环境政策能够刺激企业创新。Hekkert等（2007）认为企业家精神是企业创新系统健康运行的首要因素，企业家拥有将现有和潜在知识转化为新的商机的能力。蔡晓慧和茹玉骢（2016）讨论了地方政府基础设施投资对企业技术创新影响的内在逻辑机制，发现基础设施改善有利于大企业研发，而会抑制小企业研发，这种差异性影响来源于规模效应和挤出效应共同作用的结果；基础设施投资会提高企业融资成本，这可能是我国金融市场利率波动和中小企业研发不稳定的重要来源。Lach（2002）也发现政府资助能够促进小企业的研发投入，Gonzalez和Pazo（2008）发现政府对企业技术创新活动的财政支持能够有效促进企业的技术创新。此外，企业家精神也是企业技术创新的一大驱动因素。Mowery和Rosenberg（1989）认为技术创新可以是技术发展驱动的，也可以是广义需求（指的是消费者在一定时期内在各种可能的价格水平愿意而且能够购买的商品的数量）驱动的，好的技术创新离不开二者的共同作用。

中小企业技术创新对企业影响的研究主要集中在企业成长性、企业生命力、企业社会资本等方面，作用机制主要体现在直接影响和间接影响两种渠道。陈晓红、彭子晟和韩文强（2008）在中小企业技术创新影响因素模型和"成长－创新"模型的基础上，以我国126家中小上市公司为样本进行实证分析，他们发现技术人员投入越多、研发技改投入越多、创新转化效率越高的中小企业，其技术创新能力越强；但技术创新能力越强的中小企业，其成长性并不一定越高。陈晓红、李喜华和曹裕（2009）对我国153家中小企业板上市公司进行实证，与上文有类似的发现。此外，他们还发现了成长性与中小企业技术创新呈倒"U"形关系，在我国中小企业技术创新各个影响因素中，有技术背景的高管人员和专利对技术创新的影响度最大，研发技改投入则较为欠缺。姚世斌（2010）通过调查实证的办法，对样本企业技术创新及其成长性影响进行了分析，作者发现技术创新对中小企业的产品（服务）价格、产品成本、市场份额等方面能够产生积极的影响，较高的价格、不断降低的成本和不断扩大的市场份额对企业创新绩效能够产生积极的影响。较高的市场价格、较低的成本和扩大的市场份额会影响技术创新与中小企业成长两者之间的关系。陈晓红和马鸿烈（2014）利用414家中小上市公司数据，针对科技型和非科技型中小企业分别构建了技术创新模型，并分析技术创新对二者成长性的影响。他们发现研发投入程度越大、企业创新环境越好、专利数量越多、人力资源的投入强度越大的中小企业技术创新能力越强；对于科技型中小企业，其技术创新与成长性呈显著正相关关系，而非科技型中小企业其相关性并不明显。张会荣和张玉明（2014）通过实证检验，发现技术创新各要素及其之间的交互作用对中小企业成长具有显著的正向促进作用，而股权结构虽然能够显著影响技术创新的资金规模，但这种影响却是逆向的，原因在于大股东的风险规避心理以及公司治理制度的不完善。沈达勇（2017）通过构建技术创新能力和企业成长性的评价指标体系，以深圳证券交易所中小板的85家中小企业为研究对象，发现技术创新能力与中小企业成长性之间存在显著的区间效应。技术创新能力越强的中小企业，其成长性不一定越好；只有在特定的范围内，提高技术创新能力才会提高中小企业的可持续成长能力。李鑫伟和牛雄鹰（2017）利用2011—2015年中国省域层面的中小企业相关数据，探究了中小企业技术创新在对外贸易和对外直接投资影响中小企业成长过程中所起的作用。他们发现中小企业对外贸易对中小企业成长具有显著的正向影响；中小企业对外直接投资对中小企业成长具有显著的负向影响；中小企业技术创新在中小企业国际化路径影响企业成长的过程中发挥一定作用。陈晓红和解海涛（2006）认为我国中小企业的生存与发展除体制因素外，关键取决于技术创新。针对中小企业技术创新方面的不足与缺陷，他们提出中小企业协同创新体系构想，建立了中小企业技术创新"四主体动态模型"，并分析了其运行模式。张凤海、侯铁珊、欧珊和李晓红（2012）以我国267家中小企业为样本，对技术创新与企业生命力的关系进行了实证研究。他们发现科研效率、科研投入和科研人员对中小企业的可持续成长具有积极的促进作用，会正向影响企业生命力。姜波和毛道维（2011）运用自组织理论和利益相关者理论来描述科技型中小企业技术创新绩效在资本结构与企业社会资本关系研究中所起的作用，他们发现科技型中小企业技术创新绩效对企业社会资本中的强关系和弱关系具有正向促进作用，对弱关系的正向促进作用强于对强关系的正向促进作用。此外，科技型中小企业技术创新绩效在资本结构对企业社会资本网络关系影响中发挥重要作用。陶秋燕和孟猛猛（2017）基于286家中国中小企业的调查数据，采取多元层级回归方法，对网络嵌入性、技术创新、技术动荡性与企业成长之间的关系进行了理论探讨和实证检验，他们发现，网络嵌入性的网络中心度维度与中小企业成长呈显著的正相关关系，技术创新在网络中心度和企业成长关系之间起部分作用；技术动荡性负向调节网络中心度和技术创新的关系，从正向影响技术创新和企业成长的关系。

中小企业技术创新的基本特征的研究主要体现在中小企业的创新网络、地区分布现状与行为特征等上。池仁勇（2005）通过应用社会网络分析理论，以浙江省中小企业创新网络为实证，分析了区域中小企业创新网络的基本形式、网络结构属性、形成机理和特征。文章提出创新网络结构对功能起决定作用的观点,而浙江省中小企业创新网络存在中心结点、功能低、区域分块性、结点关系链凝固性等问题,作者认为要提升中小企业创新网络的功能,必须提升与改造中心结点的功能。李胤奇和李柏洲(2016)基于空间知识网络环境,以四大区域内中型企业为例,分析了中国中小型企业技术创新空间发展现状。通过投影寻踪对企业创新产出进行降维处理,利用省际空间面板杜宾模型,比较分析了现阶段我国不同区域中小型企业自主研发与协同研发的综合绩效。他们发现我国中小型企业自主研发与协同创新区域发展不平衡:东部地区技术创新自主性显著;中部及西部地区协同性较显著;东北地区中小企业技术创新能力较弱。最后,针对不同区域发展水平及实证结果,提出了相应的对策建议。千庆兰、陈颖彪和董晓敏(2008)基于广东省785家中小企业问卷调查和访谈的第一手资料,揭示了广东中小企业技术创新行为特征,分析了区域创新环境的障碍与前景,剖析了中小企业技术创新与区域经济发展的互动关系。他们发现,近年来广东中小企业技术创新活动活跃,企业的R&D投入水平相对较高,创新产出绩效一般,企业的技术创新战略以合作战略和模仿战略为主;供应商和客户在创新网络中扮演重要角色;提高自身的技术、管理水平是中小企业对外技术合作的主要动因,缺乏高素质劳动力和新技术是制约广东创新活动的重要因素;多数企业对广东创新环境的前景持乐观态度,珠江三角洲仍是其未来新项目投资的首选地;中小企业技术创新能力与区域经济发展水平在数量上呈现显著的相关性,在空间上具有耦合性。

中小企业技术创新模式选择的研究主要是从中小企业特征、生命周期、联盟创新、产业集群等方面展开。年志远(2004)认为中小企业技术创新主要有两种模式:一是率先创新模式;二是模仿创新模式。作者认为,中小企业由于资金短缺、人才匮乏、抗风险能力差等,应该首选模仿创新。首先,应准确选择模仿创新对象。其次,确定模仿创新方式。模仿创新方式主要有三种:即引进模仿创新、反求模仿创新和专利模仿创新。最后,实施模仿创新开发。王中华和赵曙东(2009)认为技术创新是中小企业生存与发展的关键因素,他们分析了中小企业技术创新的模式、途径,并以南京一家在技术创新方面非常具有代表性的中型民营企业作为案例研究的对象，对其在技术创新模式、路径方面的先进经验进行了总结和评价。王昕宇和华欣（2009）从企业生命周期的视角，分析了科技型中小企业在不同生命周期技术创新的障碍，探讨了其适宜采用的技术创新模式，并在此基础上提出克服技术创新障碍和改革技术创新模式的可行性对策。张军和鲍璇（2005）通过分析我国中小企业技术创新的障碍性因素及其成因，以分工及专业化组织理论为依据，构建了中小企业基于合作的一体化创新实现模式，并分析了其运行机制，为我国中小企业技术创新有效实现提供了一定的借鉴。Srivastava 和 Gnyawali（2011）研究发现，联盟伙伴的技术资源质量高和多样性会促进联盟方的突破性创新。Faems 等（2010）认为，核心企业与大学或者研究机构等上游伙伴结盟可创造基础研究或实验等的探索性创新机会，与客户等下游伙伴结盟可创造有利于现有产品升级等的开发性创新机会，而横向与竞争对手结盟则有利于创造共享产业专有知识或者共建产业标准的机会，这些都有助于提升创新绩效。余菲菲（2014）综合运用资源依赖理论与组织学习理论，探索了联盟组合多样性对科技型中小企业技术创新路径影响的内在机制。通过对3家中小型医药型企业的纵向性多案例比较分析，作者发现，与当前国内外的研究结论类似，对我国科技型中小企业而言，联盟组合多样性越高，其技术创新成果越丰富；对科技型中小企业而言，创立背景与基础的差异会影响其创业初期对联盟伙伴对象的选择，进而影响联盟经验的积累，最终会影响技术创新路径的选择。吴晓波和郑健壮（2003）认为企业集群是一种发展性、过渡性的组织形式，并在分析企业集群含义的基础上，从宏观、中观、微观三个层次分析企业集群特有的技术创新环境和集群组织内企业技术创新的主要模式。刘友金（2004）则针对中小企业技术创新所存在的创新活力与创新规模经济性之间的矛盾，提出了集群式创新概念，试图探求一种能够实现中小企业创新活力和创新规模经济性有机结合的技术创新组织模式。陆立军和郑小碧（2010）在界定中小企业集群创新系统内涵、基本结构的基础上，分析了基于系统范式的中小企业集群创新优势来源及其促进措施。张艳清（2014）分析了集群内中小企业技术创新的障碍，并通过政府在促进集群内中小企业技术创新活动中行为定位的探讨，提出了政府应从财税激励、政府采购、共享机制、融资支持、中介服务机构等方面对中小企业技术创新活动进行有效支持。

中小企业技术创新的绩效评价体系研究也是中小企业技术创新研究的一大研究热点。毕克新等（2005）在已建立的区域中小企业技术创新测度与评价指标体系的基础上，结合改进的模糊积分评价方法提出了基于模糊积分的区域中小企业技术创新测度与评价的综合评价方法，通过对5个地区中小企业技术创新状况进行实证分析，进而为政府制定相关经济政策以及中小企业采取有效策略提高其自身的技术创新能力提供依据。迟宁、邓学芬和牟绍波（2010）选取了8个要素作为评价指标，构建了一套基于技术创新视角的中小科技企业成长性评价指标体系，采用因子分析法对随机选取的50个样本进行了实证分析，发现中小科技企业的技术创新能力对其成长性并无显著的促进作用，并就研究结果做出了进一步的分析评价。傅利平和柳飞红（2009）根据中小企业技术创新的特点针对性地选取了投入和产出指标。通过C2R模型不仅对中小企业技术创新绩效进行了评价，而且根据评价结果提出了相应的调整改善措施。姜慧、沈强和高怡冰（2017）在分析广东中小企业创新现状以及科技型中小企业创新基金项目实施情况的基础上，基于经济效益、技术创新、社会效益和企业成长四个维度建立中小企业创新项目绩效评价体系，评价和分析广东科技型中小企业创新基金实施效果，并从扩大创新基金规模、优化基金结构和资助方式、完善基金监督管理体系等方面提出进一步提高创新基金使用效率的相关政策建议。

近年来，开放式创新环境下中小企业技术创新研究是国内外学者主要关注的一大热点问题。Chesbrough（2003）首次引入了开放式创新的概念，Chesbrough对"开放式创新"做出如下定义：为了促进组织内部的创新，有意图且积极地活用内部和外部的技术及创意等资源的流动，其结果是增加将组织内创新扩展至组织外的市场机会。陈劲和陈钰芬（2006）认为开放式创新模式能减小技术创新技术和市场的不确定性。在开放式创新体系下，技术创新将吸纳更多的创新要素，形成以创新利益相关者为基准的多主体创新模式。张震宇和陈劲（2008）以开放式创新理论框架为依托，分析中小企业实施开放式创新的战略意义，通过与大企业的比较总结中小企业开放式创新的差异化特征。给出了三个以不同的开放式创新模式取得创新成功的中小企业实践案例并进行评述。在此基础上提出中小企业开放式创新的关键是在开放思维、开放学习、开放创新中提升自主创新能力。可星和郑季良（2010）就西部中小企业在开放式创新环境中面临的机遇与挑战、基于开放式创新的技术创新管理模式，以及基于开放式创新的技术创新管理对策和措施等问题进行探讨。Lee 等（2010）认为开放式创新对中小企业具有潜在作用，网络关系是一种能够显著提升中小企业开放式创新的绩效水平的方式。Huang 等（2013）研究了 141 家台湾的中小企业，发现开放式创新在组织惯性与公司绩效的关系中发挥着显著的调节效应。Fu（2012）和 Parida 等（2012）发现采用开放式创新会对中小企业的创新绩效产生显著为正的影响。然而，也有学者的研究发现开放式创新不能显著提升中小企业的绩效水平，van de Vrande 等（2009）研究了荷兰的中小企业，发现在荷兰的制造业和服务业中采用开放式创新的中小企业和没有采用技术创新的中小企业之间的绩效水平没有显著的差异，绩效差异反倒在规模较大的企业中较为明显。Theyel（2013）发现广泛使用开放式创新可能只能提供有限的可度量的好处，但却可以带来包含关系连接、意识与声誉等在内的间接好处。Hossain 和 Kauranen（2016）对开放式创新的研究进行了综述，发现采用开放式创新的中小企业能够提升公司的整体创新绩效，关于开放式创新的研究大多采用定量研究方法。

通过对中小企业技术创新文献的梳理，我们发现关于中小企业技术创新的文献已较为成熟，从中小企业技术创新的影响因素到中小企业技术创新对中小企业的影响的研究均较为丰富。关于中小企业技术创新本身，国内外的学者主要从中小企业技术创新的基本特征、模式选择与绩效评价体系三个方面展开。同时，我们也注意到，开放式创新是目前中小企业进行创新的重要趋势，这种趋势在学术界也得到了充分的反映，成为目前关于中小企业技术创新研究的一大热点问题。但相比于国外的研究，目前国内针对开放式创新背景下的技术创新研究仍然不够充分，这是未来我国关于中小企业技术创新需要进行深入研究的问题。

三、文献综述：商业模式创新与中小企业的成长

(一) 技术创新与商业模式的关系

许多学者在做创新的相关研究时，都有意无意地将技术创新与商业模式创新紧密地联系起来。例如，Chesbrough 和 Rosenbloom（2002）研究认为，商业模式创新可以释放技术创新所蕴含的潜在价值，并尽可能地将技术转化为市场收入并获取更多的价值。其原因在于技术创新不能独立地让企业获取商业上的成功。事实上，技术创新在没有商业化前，也无法为企业带来足够的利润，因此，企业也必须能通过商业模式创新来实现研发成果的商业化。

在现有研究的基础上，阳双梅和孙锐（2013）进一步讨论了技术创新和商业模式创新的关系。他们认为，技术创新与商业模式创新经常被区别对待甚至对立起来，而事实上，技术创新和商业模式创新具有较多的共同点和联系。他们对创新概念予以解析，并将传统的创新概念拓展为人们对系统的所有改进活动。在这一分析框架下，技术创新和商业模式创新均可表述为由资源和能力、决策及价值成果三要素组成的多主体共同参与的、复杂的动态创新过程，而这一过程源自经济个体在各自资源的约束下，受各自目标驱使，通过各种创新行为不断突破资源约束和目标，以创造更好的新的产品、过程和服务。该拓展性内涵也说明了技术创新与商业模式创新存在很多的共同点。具体而言，技术创新与商业模式创新的共同点和联系体现在以下三个方面：

第一，技术创新和商业模式创新概念内涵是一致性的。事实上，两者在概念内涵界定上存在着共性，即两者都是企业基于自身资源和能力，通过实施一系列有利于企业发展的决策，以实现企业价值提升。因此，技术创新和商业模式创新事实上均为企业对"资源和能力、决策及价值成果"的把握。

第二，技术创新和商业模式创新的根本目的也是一致的。两者的根本目的都是通过获取更好的产品、服务或者技术，使消费者更加满意进而提

升企业价值。更进一步，事实上人类之所以要创新，其目的也是为了要改造世界，让自己的生活更加美好。因此，技术创新和商业模式创新都是实现对美好生活追求的手段，并在价值实现上是一致的。

第三，技术创新和商业模式创新有时还存在一定的重合。例如，商业模式创新有时也会包括渐进式技术创新，甚至还包括突破性的技术创新，与此同时，技术创新在一定程度上也会带动商业模式创新，商业模式创新反过来又有助于技术创新的升级。综上，技术创新和商业模式创新互为因果，互相影响，共同作用，一同推动企业发展。

（二）商业模式创新文献回顾

商业模式改变着企业价值创造方式和竞争优势来源。不少中小企业在高度资源约束和不确定性条件下借助商业模式创新实现了快速成长，甚至颠覆了产业竞争格局。因此，商业模式也迅速成为学术界和实践界共同关注的热点话题。

1. 商业模式的相关定义

目前，学者们关于商业模式的维度并没有达成一致。Osterwalder 等（2005）认为商业模式有四个维度，包括产品（价值主张）、客户界面（目标客户、分销渠道、客户关系）、基础结构管理（价值配置、核心能力、合作伙伴网络）、财务方面（成本结构、收入模型）。Johnson 等（2008）认为商业模式的构成包括四个方面：客户价值主张、利润方案、关键资源、关键流程。Zott 等（2011）也发现，现有研究并没有对"商业模式是什么"这一基础问题形成完全统一的共识。但是，他们发现现有研究主要从盈利模式、企业运营、战略等角度进行研究，并初步形成了一定的共识：商业模式是企业经济逻辑的体现，即如何创造和获取价值（Zott, et al., 2011）。

商业模式是企业创造价值的逻辑，商业模式创新则是对复杂资源的最优化重组，以创新的逻辑实现有效的企业价值提升（张越和赵树宽，2014）。具体而言，商业模式创新是企业竞争优势的来源（Teece, 2010），不仅对大企业如此，对中小企业更是如此。中小企业技术创新是其成长过程中绩效产出的一项重要指标，而商业模式创新对其的影响却较少被关注。事实上，近年来，商业模式创新在中小企业成长过程中发挥了越来越重要的作用。

2. 商业模式的类型

根据研究视角的不同，商业模式也被分为多种不同的类型。Giesen, et al.（2007）从创新路径出发，将商业模式创新分为三种不同的类型：

（1）产业模式创新。其主要是通过创造和进入新产业，或者对现有产业进行重构、利用专用资产达到产业价值链的创新。

（2）收入模式创新，例如，引入新的定价模式等。

（3）企业模式创新，主要指对组织结构和价值链中网络关系的创新。

根据研究主题的不同，Zott和Amit（2007）将商业模式创新进一步区分为效率型和新颖型，前者指对内容、结构和治理要素的重新设计达到降低交易成本、提高效率的目的，而后者指对活动系统采用创造性的内容、结构和治理方式，是对现有的商业模式比较大的改变。Velu和Stiles（2013）根据创新程度的不同，将商业模式创新进一步区分为渐进式和突破式两种。前者指的是对现有商业模式中的价值创造、价值获取和价值传递进行微调，是一个逐渐变化的过程。而后者是对以上三个要素的重大改变。

李鸿磊和柳谊生（2016）以产业链从微观产品到中观产业为纵轴，以企业从具体业务到整体战略为横轴，将商业模式大致划分为四大类——经营管理类、战略定位类、交易结构类和价值创造类，并尝试整合现有商业模式的理论成果。具体而言，可分为以下四个方面：

（1）经营管理类商业模式。经营管理类商业模式的本质是试图通过企业自身具体的经营管理活动，满足客户需求，从而获取企业利润的商业逻辑。

（2）战略定位类商业模式。战略定位类商业模式是指从企业战略定位、竞争优势、产品差异化等视角，结合传统的战略管理理论对商业模式的概念进行的界定。

（3）交易结构类商业模式。交易结构类商业模式是指商业模式的研究以产业价值链理论为基础，通过提炼构成商业模式的关键要素，以要素之间的相互关系和利益相关者之间的交易方式、交易结构为研究对象，探索商业模式的运行机理和效率所做出的概念界定。

（4）价值创造类商业模式。价值创造类商业模式的本质是企业基于自身拥有的关键资源和能力，通过对所在产业价值链某环节的增减、整合和创新，从而实现价值的创造、传递、获取和分配的概念界定。

3. 商业模式的影响因素

张永强等（2017）通过对企业高管调查数据分析后发现：

（1）高管主动性人格能够促进商业模式创新。

（2）组织间知识共享在高管主动性人格与商业模式创新关系中起部分中介作用。

（3）环境不确定性对高管主动性人格与组织间知识共享关系起正向调节作用，但对高管主动性人格与商业模式创新的直接关系起负向调节作用。

李黎等（2015）研究发现，相对于无政治资源的企业，拥有政治资源的企业在商业模式转型决策上更为保守，它们倾向于选择程度更低的转型；CEO 权力的大小对政治资源与企业商业模式转型之间的关系有显著的调节作用，即政治资源与商业模式转型之间的负相关关系在 CEO 权力较大的情况下要比在 CEO 权力较小的情况下更为明显；但是，制度环境对政治资源与企业商业模式转型之间的关系没有显著调节作用，这可能与本文偏重于正式制度及样本企业的区域分布有关。

4. 商业模式的创新路径

张越和赵树宽（2014）将商业模式创新的路径分为原始创新、诱发创新、模仿创新三个方面：第一，原始创新。无论是既存企业还是新生企业，只要以前所未有的商业模式为客户提供产品或服务就是原始创新。原始创新是企业进行商业模式创新的最直接的途径，其有可能由企业家的灵感触发，也可能由企业引进的新人才新技术触发。可能是灵感一经实践即成功完成创新，更多时候则往往是经过多次尝试和改进才取得成功。但是，所谓原始创新，一定是企业进行的主观创新活动，是对企业商业模式构成要素的直接创新。第二，诱发创新。除了原始创新，企业商业模式的创新还可能由其他因素诱发发生，即诱发创新。当外界诱发因素作用于企业商业模式某一个或几个要素,并给企业带来了巨大的变革,这种变革发生在与企业价值相关的内外部系统中,且能够与复杂的经济环境和多变的市场需求相适应,能够显著提升企业价值,这就是诱发创新的过程。

第三,模仿创新。模仿创新也是企业进行商业模式创新的重要路径之一。由于模仿创新具有较为成熟的商业模式为其创新基础,因此,可以节省很多尝试与修正的过程,对于一个具备充分社会资本的企业来说,可以使其更快速更高效地完成商业模式创新。但是,商业模式创新必须要与企业所处的政治、经济、文化环境相适应。同时,商业模式是难以完全模仿的。企业只有根据自身资源及所处环境,分析自身独特的商业模式要素优势,进行有效的改进和进一步创新,才能避免模仿带来的排斥影响,取得卓越的竞争优势。

5. 商业模式创新的经济后果

商业模式创新会对中小企业成长有重要影响。对此,现有研究主要有两种类型的观点。第一种观点认为,中小企业通过商业模式创新,可将新想法和新计划更成功地商业化,其原因在于技术和想法本身并不一定能直接产生经济利益。而通过商业模式创新,企业可将技术创新与市场对接,此时,商业模式创新成为促进中小企业发展的有力手段。而第二种观点认为,商业模式创新本身代表了创新的一个新维度,可带来超额的经济收益。这两种观点均认为商业模式创新是会影响中小企业成长的(吕东等,2015)。

Mitchell 和 Coles(2003)认为,商业模式创新可以为企业带来先发优势,向消费者传递价值改进的信号,并因此获得盈利。Giesen 等(2007)认为,商业模式创新可以帮助企业创造新的市场,提升原有市场的效率,进而提升企业价值。王学军和孙炳(2017)将商业模式创新的维度分为变革型和效率型两类,以对应于 Schumpeter 价值创造的两个来源(即创新与效率)。他们研究发现,变革型商业模式会对价值创造有正面作用,并且会通过对营销探索能力和营销开发能力的影响进而影响价值创造。进一步,他们还发现市场竞争强度会正向调节变革型商业模式与营销探索能力的关系。郭韬等(2017)从合法性视角出发,考察了制度环境、商业模式以及创业企业绩效之间的关系。他们研究发现,制度环境与创业企业绩效正相关；商业模式的三个构成要素，即市场定位、经营过程和利润模式，在制度环境与创业企业绩效之间均存在部分中介作用，即制度环境有部分作用是通过影响市场定位、经营过程和利润模式来影响企业绩效的。

通过对商业模式创新文献的梳理，我们发现关于商业模式技术创新的文献已较为成熟，从商业模式的定义、类型、影响因素、创新路径到经济后果的研究均较为丰富。与此同时，我们也注意到，在实务界，商业模式创新是目前中小企业进行创新的重要趋势，而这种趋势在学术界也逐渐得到了充分的反映，成为目前关于商业模式创新研究的一大热点问题。但相比于国外的研究，目前国内针对商业模式创新的研究仍然不够充分，这也可能是未来需要进行深入研究的科学问题。

第二章　科技创新与中小企业"逆袭"

一、科技创新的类型与作用

(一) 科技创新的类型

希克斯最早对创新进行分类，其分类帮助人们分析创新的走向。关于企业技术创新的分类，国内外学者从不同角度进行了多种划分，主要有以下三个方面：

1. 根据技术创新的程度不同分类

根据技术创新程度的不同将技术创新分为渐进性创新和根本性创新。渐进性创新是指对现有技术进行逐步改进，其改进过程需要长期坚持，体现了渐进、连续的创新。根本性创新是指技术发生重大突破创新，其常常伴随着一系列突破性的产品创新和工艺创新，并在较短时间内导致结构上的变化。根本性创新是对原有技术的明显改变，而且发生剧烈的改变，往往带来革命性结果。

2. 根据技术创新的对象不同分类

根据技术创新的对象不同将技术创新分为产品创新和工艺创新。产品创新是指在已有产品上进行的技术创新，或指对现有产品通过改进上市的产品。产品创新是一系列活动的过程，具体包括新设想产生、设计与研发、生产、销售等。工艺创新指对原有的生产方法进行改进或尝试新的方式，包括对生产设备的更新、组织运作的改变等。运用新工艺、新设备以及尝试新的组织运作方式往往能大幅提高效率。产品创新是企业技术创新的关键活动，产品创新是技术创新的呈现。企业在生产经营过程中要高度重视产品创新；产品创新直接面对顾客。产品创新和工艺创新在企业的技术创新过程中存在互相依赖的密切联系。因此，企业在技术创新过程中，经常将产品创新和工艺创新二者结合起来，以此大幅提高企业效益。二者为企业成长的坚实基础，是必不可少的技术活动。

3. 根据技术创新的来源不同分类

根据技术来源不同将技术创新分为自主创新、模仿创新和合作创新。自主创新指企业依靠自身的知识和技术、人才、资源和研发能力，开发出具有商业价值的产品以获取商业利益而进行的技术创新活动。模仿创新是指企业通过学习模仿其他企业的创新技术以及创新方法，通常通过引进、消化吸收关键技术，然后以此为基础进行改进提升的方式。模仿创新可以节省研发时间，降低研发失败的风险以及吸取先前的经验和教训。合作创新是指企业与企业之间、企业与科研机构、高校联合开展技术创新，实现优势互补，取得技术突破。目前，模仿创新是发展中国家的企业常采用的创新方法，但是，随着技术快速升级以及技术的大幅进步，为了加快创新步伐，增强竞争力，越来越多的企业选择合作创新。

（二）科技创新的作用

在传统计划经济条件下，政府是技术创新的主体，负责制订技术创新计划，由企业来实施。市场经济条件下，技术创新的主体由政府转为企业。中小企业对市场经济的适应性较强，对先进技术的需求将形成规模宏大的技术市场，加速推动科技成果的转化与利用。中小企业技术创新成为我国技术创新的重要组成部分，2015年国务院出台了《国务院关于大力推进大众创业万众创新若干政策措施的意见》，在全社会范围内推进大众创业、万众创新，在互联网等领域，中小企业起着难以替代的作用。因此，如何更好地发挥中小企业的创新创业作用，将在很大程度上决定着创新创业的成效。中小企业日渐成为推动我国科技体制改革、促进科技成果商品化和产业化、转变经济增长方式和提高经济效益的重要保障，并成为提高我国自主创新能力的有力支撑和促进我国经济发展的重要动力源。

国际贸易理论的发展从新要素禀赋论、贸易技术论、市场结构论和动态比较优势论等理论基础上不断获得突破，并日益彰显出技术的重要性。

技术特别是技术创新已逐渐得到我国企业的重视。自加入世贸组织以来，我国对外开放的水平和层次进入到一个新的发展阶段，为我国与世界接轨打下了良好的基础，在贸易往来的过程中，要确保国际竞争优势，必须拥有新的产品以及新工艺。因此，企业必须不断地加强技术方面的创新，提高自身工艺技术的先进性。随着经济全球化和网络化的快速发展，中小企业开展技术创新的重要性日益凸显。

通常中小企业是以大型企业为核心进行专业化协作配套。在市场经济条件下，新产品开发、新技术应用是企业在激烈竞争中立于不败之地的关键。与大型企业相比，中小企业技术较为落后，必将影响新产品的开发。通过技术创新，中小企业提供的产品才有可能达到专业化分工协作的技术要求和水平，促进组织结构调整和优化，提升整体技术水平。

中小企业生存、成长和壮大的主旨在于不断地生产出满足人们物质和文化生活需要的产品或服务。中小企业的生产力水平与其产品的生命力息息相关；而产品的生命力则又集中反映了企业技术创新的精神和行为。总结技术创新对中小企业发展的作用有如下六点：

1. 技术创新是中小企业发展的内在动力

我国工业企业管理粗放是全局性问题，中小企业粗放型经营现象更为严重，导致成本高、效益差，企业缺乏竞争优势。尤其缺少具有自主知识产权、畅销国外市场的高科技产品。中小企业只有实施技术创新战略，才能提升企业的整体技术水平和管理水平，才能加快转变经济发展方式和提高经济效益，使企业在激烈竞争中维持生存和发展。中小企业从诞生之日起就必须通过技术创新这一过程向市场推出新产品，当该新产品实现其市场价值后，市场又会推动中小企业的进一步发展。

2. 技术创新是中小企业竞争取胜的关键

中小企业参与市场竞争，表面上看是产品功能、式样、耐用度、安全性、价格等的竞争，而实质上决定上述这些产品特征的是企业技术创新能力的大小。当中小企业面临的竞争对手是大企业时，相比之下会有许多不利因素。例如，资金短缺、技术力量薄弱、设备落后等。这种情况决定了中小企业不可能与大企业长期抗衡，一决胜负；而只能根据自身特点，把市场需求和提高自身技术创新能力有机结合起来，只要把握好这一方向，就可以使中小企业立于不败之地。

3. 技术创新是延长中小企业寿命的法宝

大量的实例证明，每年诞生的中小企业很多，但倒闭破产的也不少。为什么会出现这种"英年早逝"现象？原因固然很多，但根本原因在于技术创新乏力，或忽视了企业的"二次创新""三次创新"。中小企业在其发展的各个阶段上，应密切关注本企业产品的生命周期，同时努力抓好四代产品，即生产一代、试制一代、研发一代、构思一代，而每一代产品从构思、研发、试制到生产直至销售的过程都是一次技术创新过程。

4. 技术创新是中小企业改善供给的源泉

中小企业存在和发展的最大价值在于能够向社会提供物美价廉的产品，以促进经济增长。随着科学技术的高度发展和社会生产力水平的提高，这必然会引起社会消费需求结构、层次、内容的深刻变化：一方面，要求中小企业必须不断适应这种变化，生产出适销对路的产品；另一方面，要求它们通过技术创新来生产出更加丰富多彩的新产品。据有关资料表明，从产品质量结构上看，我国目前在世界上处于20世纪90年代先进水平的产品仅占10%左右；从产品品种结构上看，我国目前生产的产品品种总计为60多万种，而全世界则有150多万种。因此，无论是产品质量结构，还是品种结构，对我国中小企业来说均有极大的潜力可挖。而挖掘这种潜力，只有通过广大中小企业的不断创新才能实现。

5. 技术创新促进中小企业科技成果的商品化和产业化

中小企业由于受资金、规模的限制，自主创新的能力水平较大企业低，所需的先进技术大多由外部得来。中小企业对先进技术的需求将形成规模宏大的技术市场，市场需求加速推动了科技成果转化利用的过程。中小企业在吸收先进科技成果的同时，又吸引了科研机构的科技人员进入企业去合作参与和组织企业的技术开发工作，促进了科技体制的改革。

6. 技术创新促进经济结构的调整

一般情况下，中小企业是以大企业为核心进行专业化协作配套的。在市场经济条件下，新产品的开发、新技术的应用是使企业在激烈竞争中立于不败之地的关键。中小企业技术落后，必将从配套的零部件上影响主机的技术水平甚至新产品的开发；反之，中小企业通过技术创新，提供的产品能够达到专业化分工协作的技术要求水平，企业组织结构的合理化才能得到技术上的保证。我国汽车工业的组织结构不合理的现象，就与从事零部件协作配套企业的技术水平不相适应有关。

二、广东中小企业科技创新的现状

改革开放以来，我国经济发展已经取得了巨大的成就。随着经济发展进程的推进，持续发展的动力越来越依赖于科技创新。2016年，《国民经济和社会发展第十三个五年规划纲要（草案）》明确了今后5年经济社会发展的主要目标任务，强调"保持经济中高速增长，推动产业迈向中高端水平。到2020年国内生产总值和城乡居民人均收入比2010年翻一番，'十三五'时期经济年均增长保持在6.5%以上"。但是，科技与经济"两张皮"的问题仍然比较突出，抑制了经济快速发展的潜力。抓创新就是抓发展，谋创新就是谋未来。2012年12月，习近平总书记在广东考察时指出："我们要大力实施创新驱动发展战略，加快完善创新机制，全方位推进科技创新、企业创新、产品创新、市场创新、品牌创新，加快科技成果向现实生产力转化，推动科技和经济紧密结合。"

广东是全国科技经济大省，具有相对良好的科技创新创业环境。2016年，广东地区生产总值7.95万亿元，稳居全国第一，在江苏连续7年逐渐追近后，广东的领先优势又重新扩大。区域创新能力在2017年跃居全国第一，打破了江苏过去9年保持的首位格局。课题组通过实地考察，对广东省及其下属广州市、深圳市、东莞市技术创新与经济发展状况进行深入了解，调研单位涉及政府部门、工业园区或高新区、新型研究机构、企业等。在此基础上，课题组总结其经验及问题，并形成本节内容，以期为我国促进企业技术创新与中小企业"逆袭"提供有效参考。

（一）广东技术创新环境的现状分析

近年来，广东省综合实力稳居全国前列。2015年，研究与开发（R&D）投入占地区生产总值（GDP）比重从2010年的1.76%提高至

2.47%；有效发明专利量和PCT国际专利申请量分别达138878项和15190项，其中，PCT国际专利申请量占全国比重超过50%；全省研发人力投入达50.2万人/年，规模居全国第一。2016年，广东省研发投入占GDP比重提高到2.52%，全省区域创新能力综合排名在连续9年位居全国第二后于2017年超越江苏一举成为全国第一；专利授权量和PCT国际专利申请量保持全国首位；技术自给率从2010年的65.3%提高到71%，接近创新型国家和地区水平；科技进步贡献率超过57%。国家自主创新示范区、国家高新技术产业开发区建设取得重大突破，省重大科技专项和承担的国家重大、重点项目顺利实施。与其他省份相比，广东省科技创新环境具有以下三个优势：

1. 市场化程度高，政府服务企业意识强

广东作为改革开放的前沿重地，充分利用和香港、澳门毗邻的优势，较早形成了市场化和法制化的环境，政府的执政理念先进，能够正确把握行政干预尺度，为企业主体营造宽松的政策环境。坚持政府"小作为"，在制定科技政策时以市场和企业需求为导向。这就使得广东的企业在发展时是充分依靠自身的活力和动力成长，而不是政府在背后强行推动，因此每隔一段时间就会涌现出一批新兴有活力的伟大企业，从早期的华为、中兴通讯，到后来的美的电器、格力电器，再到现在的伊斯佳、华大基因，无一不是企业自我创新、自我定位，由市场化的竞争淘汰机制所选择留下的。

2. 供应链发达，形成了资金和产业生态系统

在我国由计划经济向市场经济转化和对外开放的过程中，广东扮演着对外窗口的特殊角色，是内地与香港之间的经贸桥梁。因此，广东的供应链产业正是在这种经济环境下孕育而生。通过供应链将内地低廉的自然资源、劳动力资源与香港丰富的资金、技术、人才和管理相融合。以深圳为例，2014年"营改增"统计显示，公司名称中含"物流"字样者有11678家公司，含"供应链"字样的供应链服务公司有320家，含"进出口"字样的公司有315家，占中国供应链服务公司的半壁江山。广东强大的供应链也催生了供应链金融的发展，深圳发展银行于1999年在华南地区率先以"票据贴现"业务介入供应链金融领域，为供应链上的核心企业、上下游

企业服务,实现银行、企业以及物流公司的合作共赢,有效地整合了资金链、产业链和价值链。

3. 产业体系完整,区域协同格局明显

广东省现已步入以新材料、新工艺、新技术应用为特色的转型升级阶段,初步建立了以纺织服装、食品饮料、建筑材料、家具制造、家用电器、金属制品、轻工造纸及中成药制造8个行业为支柱的优势产业体系。优势产品中,电饭锅、组合音响、燃气热水器、录放音机等家电产品在全国的比重均超过80%。纺织服装、食品饮料和建筑材料产业中的部分产品,产量均位居全国第一位。此外,广东省产业体系还具有以下特点:

第一,产业规模不断壮大。"十二五"期间,广东省战略性新兴产业年均增速超过12%;以战略性新兴产业为主的高技术制造业增加值从2010年的4850.59亿元增加到2015年的8172.2亿元,年均增速达11%,比规模以上工业增速高3.5个百分点,占规模以上工业增加值比重从20.6%上升到27%。

第二,创新能力不断提升。全省研究与试验发展经费支出占生产总值比重从2010年的1.76%上升到2015年的2.5%;高技术制造业研发活动从业人员占比从2010年的4.92%上升到2015年的6.18%;高技术制造业企业研发机构覆盖率由2010年的7.8%提高到2015年的23.4%。战略性新兴产业领域专利授权量位居全国前列,其中,高端新型电子信息、新能源汽车、半导体照明、节能环保等领域专利授权量居全国首位。

第三,集聚效应不断显现。广东省推进15家国家高技术产业基地和42家省战略性新兴产业基地建设,发展形成新一代移动通信、平板显示、高端软件、半导体照明、生物医药、智能制造装备、新材料等产值规模超千亿元的新兴产业集群,珠三角地区获批成为国家首批战略性新兴产业区域集聚发展试点。移动智能终端、基因检测、新能源汽车等产业在全国占有重要地位。

第四,新业态新模式不断涌现。新兴产业应用环境不断优化,物联网、云计算、大数据、基因检测等新兴信息技术产业快速发展。广东信息消费规模居全国首位,跨境电子商务交易量占全国近七成,网购普及率、电子商务总订单、市场交易规模和在全国电子商务交易中所占份额等多项

指标均居全国前列；基因检测服务年均增速超50%，涌现出一批第三方基因检测机构；软件产业年均增速超30%，带动数字创意产业快速发展。

总体而言，在广东省内区域经济方面，广东省各区域重心各异，呈现区域共同协作格局。珠三角地区依托6个优势行业，即计算机、通信和其他电子设备制造业，电气机械和器材制造业，汽车制造业，化学原料及化学制品制造业，通用设备制造业，专用设备制造业，形成了以深圳、广州为龙头，珠三角其他各市分工互补的"1+1+7"创新发展格局，并通过广深科技走廊"一廊十核"科技创新体系、"三网两枢纽"综合交通体系一以贯之。与此同时，粤东西北在电力、热力生产和供应业、金属制品业、纺织业、纺织服装、服饰业、橡胶和塑料制品业、石油和天然气开采业等行业具有比较优势。广东省积极发挥这些地区的优势，同时加快其创新驱动发展步伐，通过布局重大创新平台以及发动珠三角各市加强对粤东西北的科技对口帮扶推动区域协同发展。

（二）广东推动技术创新的举措及效果分析

广东技术创新的演化路径和北京、上海等地不同，与这些地方丰富的科教资源、科技力量相比，广东在改革开放初期科技力量明显不足，只能依靠市场的力量将产业发展起来后向外寻求相应的技术。因此，在研发活动和成果转化中表现出以企业为主体、市场为导向的特征。根据《"十三五"广东省科技创新规划》的数据显示，90%以上研发人员、90%以上研发机构、90%以上研发资金、90%以上专利产出来源于企业，70%以上的省级重大和重点科技计划项目由企业牵头或参与。

因此，广东省在促进科技成果转化时是以企业为主体、市场为导向，通过改革科技管理体制，搭建公共服务平台和载体，大力布局新型研发机构，构建以企业为核心的产学研结合体系，以及积极引入和培育人才，发挥了改革开放以来形成的市场化环境优势，同时逐渐弥补了科技力量方面的不足，有效地促进了企业技术创新与中小企业"逆袭"。

1. 改革科技管理体制，搭建创新软环境

在广东的科技管理体制方面，深圳始终处于领先地位，深圳市人民政府在 2012 年发布了《关于深化科技体制改革提升科技创新能力的若干措施》，确定了完善财政科技投入稳定增长机制，财政科技投入增幅高于财政经常性收入增幅，依靠资金驱动城市创新发展的基本战略，并对科研机构的创立、科研人员激励机制进行了改革。

广州市借鉴深圳的经验，也进行了全面深化科技管理体制的改革，于 2015 年仿效深圳成立了广州市科技创新委员会，并在此基础上进行了许多体制探索。一是加强了对科技创新工作的统筹管理，市科创委突出强化了科技创新资源和科技经费的统筹职责，明确了科技部门是经济部门的定位，有助于解决政府科技创新多头投入、分散管理的弊端。二是围绕创新链条设置机构，市科创委根据创新链条和广州科技创新工作的实际情况，对内设机构进行了调整，专门成立了监督审计处、产学研结合处、创新平台处、科技金融处等，有助于强化监督审计、促进产学研协同创新、搭建创新平台、推动科技与金融结合等工作，补齐广州科技创新的短板。三是推动政府职能转变，市科创委逐步转变政府管理科技项目的方式，不再直接参与管理具体的科技项目，而是通过专业机构进行项目评审、过程管理、结题验收等，充分发挥专家和专业机构的作用，科创委则主要负责制定战略、规划、政策以及监管等工作，突出引导和服务职能。2016 年年底，广州制定了《广州市科技创新领域简政放权改革方案》，年度立项数目压减 35% 以上，申报信息项目数压减约 40%，相关佐证材料压减约 67%，有助于减轻科技创新主体的负担。

2. 搭建创新平台和载体，促进创新力量集聚

广州近年大力发展各类创新平台，增强创新能力。一是积极推动园区平台发展。广州开发区实行经济技术开发区、高新技术产业开发区、出口加工区、保税区、中新广州知识城"五区合一"的管理体制，是广州重要的自主创新基地，其中，高新区已成为广州科技创新的重要平台。2017 年广州高新区的瞪羚企业数量达到了 111 家[①]，数量在全国高新区中位居第

---

① "瞪羚企业"是银行对成长性好、具有跳跃式发展态势的高新技术企业的一种通称。"瞪羚"是一种善于跳跃和奔跑的羚羊，业界通常将高成长中小企业形象地称为"瞪羚企业"，一个地区的"瞪羚企业"数量越多，表明这一地区的创新活力越强，发展速度越快。

四位,连续3年入选的瞪羚企业共17家,数量在全国高新区中排名第二。二是实施孵化器倍增计划。广州大力发展孵化机构,制定了"1+1+2"政策,即《促进科技企业孵化器发展的实施意见》《广州市科技企业孵化器倍增计划实施方案》《广州市科技企业孵化器管理办法》和《广州市科技企业孵化器资金管理投入办法》,提出实现孵化器数量、面积、在孵企业"三倍增",政府主要是通过补贴、奖励等后补助方式进行资金支持。目前,广州的孵化器已达218家,孵化总面积868万平方米,众创空间累计达139家,已逐渐形成苗圃、孵化和加速三个阶段的全链条孵化服务体系,提供差异化、个性化孵化服务,孕育了益善生物等一批创业项目。

深圳市也非常重视多层次科技创新载体的建设,对于高层次的载体,由深圳市科创委牵头布局了三个十大行动计划,包括建设十大基础研究机构、十大科学实验室、引进十大诺贝尔奖获得者,以这些载体为依托,吸引国内外优秀创新人才和创新团队在深圳集聚,促进深圳科技力量的发展壮大。对于普惠性的载体,主要有开放式创新空间的建设,包括众创空间、创客空间等,以这些空间为依托,在社会营造了一种良好的创新创业氛围,为技术、人才和资金的融合提供了有效和有力的渠道。

3. 大力布局新型研发机构,加快科技成果转化

新型研发机构是新时期集聚高端创新资源、吸引高水平创新团队、开展产业关键技术研发、加速科技成果转化、支撑产业转型升级的新平台。相比传统研发机构,新型研发机构的"新"主要体现为在机构建设模式新、管理运作机制新、科研主攻方向新、创新组织方式新、成果转化路径新、创新融资渠道新。广东省新型研发机构在全国起步较早,1996年12月,清华大学和深圳市政府合作建立深圳清华大学研究院,揭开了广东省新型研发机构建设的序幕。2007年启动的"三部两院一省"(科技部、教育部、工信部、中国科学院、中国工程院、广东省)产学研合作协同创新,有效促进了高校及研究院所和海外优质创新资源向地方集聚。截至2016年年底,广东省已成立了百余家校(院)地合作新型研发机构,吸引了全国312所高校、332个研发机构的2.5万多名专家、教授来粤与近2万家企业开展产学研合作。通过新型研发机构建设,广东省集聚了一批高层次创新人才。截至2016年年底,全省新型研发机构拥有研发人员近

4.7万人，引进世界一流水平的创新科研团队91个，领军人才69个；推动了传统产业转型升级。通过企业孵化、成果转化、合作研发、技术改造、创业投资等方式，服务3万多家企业转型升级，成功孵化1000多家高新技术企业，近三年成果转化收入达1538亿元；建设了一批高端创新平台。仅"十二五"期间，依托广东省新型研发机构就新建国家工程技术研究中心和企业技术中心11个、国家重点实验室11个。广东省新型研发机构的建设经验主要体现在得到政府的大力支持，采用企业化运作模式，构建完善的科技创新孵化体系，采用多元化的项目组织形式这四个方面。

4. 以中小企业为创新主体，构建全方面服务体系

由于广东省的创新活动是以企业为主的，因此，政府在制定政策时充分以调动企业创新活力为目的。广州市目前已经形成了科技创新的"1+9"政策文件，"1"为《中共广州市委广州市人民政府关于加快实施创新驱动发展战略的决定》，作为纲领性文件，它确立了创新驱动在城市发展中的核心地位。"9"为9份对纲领性文件进一步细化落实的配套政策文件，主要内容包括增强企业创新能力、推进科技成果转化、完善科技创新平台、吸引科技创新人才、加强科技金融。广州财政科技投入"80%落实到普惠性的企业后补助"充分体现了以企业为主体的理念。具体来看，主要体现在以下两个方面：

第一，以企业成长为主线，构建全链条资金支持体系，形成梯次型创新结构。

建设科技创新企业数据库，实现精细化管理。科技型企业在成长的过程中要经历导入期、成长期、成熟期和壮大期的生命周期，在不同时期有不同的资金需求和发展战略，为了对各科技型企业进行全生命周期的管理，广州市在2015年出台了《科技创新小巨人企业及高新技术企业培育行动方案》，围绕高新技术企业的要求，进一步完善财政支持政策，构建了一条"科技创新小微企业—科技创新小巨人企业—高新技术企业"的全链条政策体系，高新技术企业自上而下形成一个金字塔形梯次结构；引导创新资源和创新服务向科技创新企业集聚，不断壮大高新技术产业群，培育具有国际竞争力的优质企业。

为了跟踪和服务科技企业的发展，广州市建设了科技创新企业数据库，绘制了一幅清晰的企业创新地图。通过建设科技型中小微企业技术创新公共服务平台，达到了创新创业信息及时推送的效果，有效地消除了政府部门和科技型中小微企业之间的信息壁垒，提高了信息透明度，提高了资金的使用效率和扶持效果，对在数据库中的中小微企业，通过科技型中小企业技术创新资金专项，同时，综合运用科技信贷、创业投资、创新券等工具，对中小微科技企业特别是在种子期、初创期的研发创新活动进行支持。当科技型企业发展到一定的规模，同时研发人员、研发投入和知识产权等指标达到一定条件后，企业将被纳入科技创新小巨人企业数据库，政府将对其予以重点扶持，由市区两级财政按照1∶1的比例，对每家给予60万元的经费补贴。当企业进一步发展壮大，科技实力进一步增强时，科技创新型小巨人企业将进入省高新技术培育库，享受更大的政策福利，包括由市区两级财政按照1∶1的比例给予一次性100万元的补贴，而且优先享受信贷风险补偿、贷款贴息、创业投资补助、上市辅导等一系列科技金融政策服务。

依托高新区的孵化作用，构建全链条支持体系。高新区作为科技型企业孵化"重镇"，担负着从要素集中、企业集聚的产业基地到创新型产业集聚的重任，是实现从工业经济向知识经济、创新文化和现代生态文明和谐社区增长及跨越的"火车头"。广州市高新区作为广东省建设国内领先科技园区重点试点地区，于2017年10月启动了"独角兽"企业遴选和培育工作，全面实施企业成长路线图计划，构建"创业企业－瞪羚企业－独角兽"的企业成长全链条支持体系，根据不同阶段的企业制定分层分类的支持措施，营造更加完善的新经济企业生态圈，为企业的发展壮大提供更加良好的土壤和更加充分的养料。其中，针对初创型企业，核心是鼓励企业创业创新；针对"瞪羚企业"，重点解决这些高成长企业发展过程中遇到的共性问题；针对独角兽企业的成长阶段特点，则提供一企一策、一对一的支持措施，帮助其释放增长潜力。从初创企业成长为"瞪羚企业"，需要经历"死亡谷"的考验，只有成功跨越创业"死亡谷"，商业模式得到市场认可，才能进入爆发式增长阶段；从"瞪羚"成长为"独角兽"，则对企业的技术、资金以及发展模式都是更大的考验。因此，需要对"瞪羚企业"进行专项资金补贴，使其能够持续在技术研发投入上敢于不断

"烧钱",在满足企业自身发展需要的同时,也成为高新区创新驱动的先行者,不断为高新区的创新注入活力和动力。

通过对科技型企业进行分层次、分阶段的全链条式的管理,形成科技型企业发展壮大的完整路径,可以使科技型企业的产生和发展具有源头活力和终端动力,为广东省的高新技术企业增长奠定了良好的政策基础。2015年,广东省经国家认定的高新技术企业有11105家,到目前已经有接近22000家,不到两年的时间翻了接近一倍。根据科技部火炬中心发布的《国家高新区"瞪羚"企业发展报告(2017)》显示,2016年全国高新区的"瞪羚企业"达到2567家,广州高新区的有111家,占总数的4.31%,在全国147个高新区中位居前列,111家"瞪羚企业"的平均营业收入达5.52亿元,近三年平均复合增长率为35%。而全国196家连续三年被评为"瞪羚企业"中广州高新区独占17家,位居全国第二,仅次于北京中关村,领先于上海张江和深圳,显示出强大的科技创新能力。未来只要坚持层次递进的全链条政策扶持模式,将会有越来越多的中小微企业跃居创新"金字塔"的顶层位置,成为高新技术企业、"独角兽"企业。

第二,协同各方力量,发挥财政资金杠杆效应,降低中小科技企业融资难问题。

信息不对称是制约中小型科技企业从银行渠道获得资金的主要因素,银行根深蒂固的贷款模式是基于企业的有形资产规模和盈利能力,科技型企业作为轻资产型企业,大量的资产是知识产权、研发人员等无法准确估值的无形资产,同时,由于初创期研发投入巨大,产品尚未得到足够的认可等因素,使得中小微科技型企业在融资时受到极大的约束。没有资金就无法继续推动创新的过程,科技成果到最终形成普罗大众认可的产品这一环节无法打通。因此,需要财政引导资金来撬动社会各方资金尤其是商业银行资金,为中小微企业的发展注入流动性。通过财政拨款设立风险补偿资金,降低银行在对科技型中小企业贷款过程中的风险暴露水平,能够提高银行对科技型中小企业的贷款意愿。对此,广东省科技厅通过和银行进行合作,探索银行对中小型科技企业的创新贷款模式,通过改变原有银行在贷款时完全依赖财务报表的方式,采用一个企业技术流、能力流、财务状况的加权评分法,对科技型企业的发展潜力和未来盈利能力做出一个比较客观的评估,其中能力流和技术流占据评分的60%,财务状况则只占40%,并且在7个地市试行的过程中根据各地的情况对企业的评分法则不断完善和改进。广州市作为一个试点地区,在2015年发布了《科技型中小企业信贷风险补偿资金管理办法》,推动银行加大对科技型中小企业的贷款支持,对合作银行为科技型中小企业提供贷款所产生的本金损失进行有限补偿。根据该管理办法,广州市财政局负责科技信贷风险补偿资金的预算和资金安排,同时,广州市科创委负责确定科技信贷风险补偿资金合作银行及信贷资金池重点支持产业和对象,具体的资金运作则交由广州市科技金融综合服务中心有限责任公司,首期市财政出资4亿元,与中国银行、建设银行、招商银行等8家银行进行合作。科技金融综合服务中心在这些合作银行设立资金专户,并分别存入风险补偿资金5000万元,合作银行则提供10倍以上科技型中小企业贷款。合作银行对中小企业贷款所形成的损失和财政风险补偿资金池之间进行1:1分担。同时,通过市场化主体的运作,也加强了风险补偿资金的使用效率,广州市科技金融综合服务中心作为一个国有控股的市场化主体,可以通过扩大经营范围,在广州周边地区建立分中心,与当地金融机构对接,进一步实现资金的放大功能。目前已为近800家科技型中小企业提供超过70亿元的科技信贷,规模位居全国前列。

通过财政资金和银行风险共担的模式,提高了银行贷款的积极性,降低了银行贷款的风险,从而使科技型中小企业的融资难、融资贵的问题得到解决。除了撬动了银行资金、财政资金,还撬动了风险投资方面的资金。相对于深圳众多的民营风险投资机构,广州的风险投资机构数量较少。因此,广东省政府专门成立了一个全资的创业投资机构——粤科集团,该集团是广东省科技厅的下属国有机构,通过政府引导基金和市场化运作基金相结合的方式,既兼顾了战略新兴产业发展的需求,也兼顾了集团的经济效益,通过不断的盈利来发挥更大的投资杠杆效应,达到财政资金放大倍数进一步提高的作用。但是,粤科集团作为一个国有的风险投资机构,体制机制相对民营风投机构不那么灵活,为了大力促进民营的风险投资机构在广州聚集,广州市于2017年正式发布了《广州市黄埔区、广州开发区促进风险投资管理办法》(简称"风投十条"),设立高达100亿元的全国最大风险引导基金,对新落户的实缴注册资本达到30亿元以上的风险投资机构给予2000万元的落户奖。

5. 积极引入和培育人才,为科技创新储备后劲

人才是科技创新的核心要素和战略资源。博士和博士后人才是最具创新创业活力和发展潜力、加快实施创新驱动发展战略的生力军。广东省由于人才储备相对匮乏,改革开放早期发展产业对科技产生需求后就从全国各地寻找相应的科技人才,如今广东的人才引进力度只增不减。2017年12月,中共广东省委组织部、省人力资源社会保障厅等13个部门联合印发了《关于加快新时代博士和博士后人才创新发展的若干意见》,提出了一系列创新措施,加快汇聚优秀拔尖青年人才。实际上,早在2008年,中共广东省委就出台了《关于加快吸引培养高层次人才的意见》。该文件出台近十年来,广东省持续创新完善青年人才扶持政策,深化人才体制机制改革,不断壮大博士和博士人才队伍,博士和博士后人才创新发展呈现新局面,南粤青年人才高地正在形成。广东始终把人才作为创新的第一资源,坚持自主培养和外部引进并举,突出"高精尖缺"导向,加强人才培养和引进。首先,实行高精尖人才培养引进政策。以深圳为例,通过实行"实施杰出人才培育引进计划""孔雀计划""高层次创新创业预备项目团队计划"等,在相关人才入户办理、科研补助、子女教育等方面进行政策扶持,仅在2015年引入人才13.7万人,其中海外人才近万人。其次,引进培养紧缺专业人才。深圳市通过设置专业人才特聘职位、"鹏城学者计划"、"三名"工程等措施和计划对创新人才进行引进,取得了良好的效果。再次,强化博士后"人才战略储备库"功能。深圳市政府鼓励高校和科研机构增加博士后设站数量,扩大博士后招生规模,并出台优化博士后生活服务和科研支持政策,对相关高校和机构进行奖励和资助,并对相关科研人员进行科研补助,仅在2016年就新增博士后流动站20个,新增博士后人数近500人。最后,加快建设人才培养载体。深圳市政府一方面推进高水平院校和学科建设,鼓励高校积极参与世界一流大学和广东省高水平大学建设;另一方面推动高水平科研机构和智库倍增发展。截至目前,深圳市已建成深圳大学、南方科技大学、香港中文大学(深圳)等12所高校,国家高新企业5000多家。

（三）广东中小企业科技创新面临的主要问题

广东省通过营造良好的市场环境，以科技创新服务平台的培育和建设为抓手，以企业为核心，统筹多种科技资源，为当地产业发展、经济增长发挥了重要的支撑和带动作用。但是，广东中小企业科技创新过程中，也面临着不少困难和挑战。其中，一些困难和问题并非广东独有，在全国范围内具有普遍性和共性，主要表现为以下五个方面：

1. 科教资源不足，制约广东中小企业科技创新进一步发展

广东的科教资源与经济地位不匹配，这是广东的历史发展路径遗留的问题，也是相比沿海和内陆其他科教大省所独有的问题。由于广东是先发展产业后寻找科技，广东的科教资源发展速度跟不上经济的发展速度，与北京、上海、江苏等地相比，广东的科技力量存在先天不足的缺陷，名牌高校、大院大所、大科学装置等科技资源相对较少，这使得广东在吸引高新企业、研发机构、科技人才方面存在较大劣势，本土培养的科技人才数量也远远不能满足产业发展的需求，较大地阻碍了许多高精尖产业的发展。如广东省的医药产业基础很好，但是，由于缺乏一些大型试验平台和相应的专业人员，大型医药企业都倾向于在北京、上海定居，由此难以形成医药产业集群。本地科技人才缺乏意味着需要从外部引进大量科技人才，但在当前区域竞争加剧的条件下，引进外来科技人才难度在逐渐加大，而且如何安置外来科技人才、帮助外来科技人才融入当地社区、打造国际化居住环境，都是广东面临的重要问题。因此，作为一个定位为全国科技创新中心的大省，未来广东应该站在世界创新体系的角度来考虑问题，形成一批源头创新活跃的高校和科研院所。

2. 政策设计缺乏顶层安排，条块式的政策不能形成合力

尽管目前广州通过产业创新联盟的方式发挥了企业在产业决策方面的作用，深圳市也在"十三五"规划中提出在科技项目的选择方面要充分发挥企业决策的作用。但是，在某些行业，企业和政府之间有效沟通的机制还没有产生。以广东的医药行业为例，生物医药行业对政策环境的要求比较高，也比较敏感，广东省政府主管医药的部门一直在变化，以前是省经济和信息化委员会主导的,现在是发展改革委员会在管,但由于生物医药不是一个成熟的产业,体量相对来说也不大,所以政策的支持力度不高。尽管现在广东省对生物医药行业非常重视,经常出台一些政策,也成立了由省政府牵头的一个联席会议制度,像工信委、科技厅、经信委、食药监总局这些部门都是会议成员,但对于企业而言,这些部门都是平行的,没有一个牵头的、能够真正以产业的形式来思考产业发展的部门去做顶层设计。因此,政策的支持没能很大程度地改变医药行业的发展状况。医药是研发密集型的行业,需要有大量的实验平台和人才支持,企业很难建成这样的平台。因此,需要政府多从企业的需求方面进行顶层设计,从根本上为医药企业创造良好的发展土壤。

3. 科研体制的束缚导致体制外的企业难以拿到科研经费

企业对科技成果的需求以应用和市场为导向,与经济效益紧密挂钩,这就意味着企业很难申请到国家的科研经费,因为企业的目标是产生市场化的产品获得收入和利润,更看重实用性而不是发论文,所以尽管广东的创新活动集中在企业,有些企业的研发能力也很强,但是,依旧无法拿到科研经费,只能通过体制内的科研人员拿到经费后以外包的方式将经费部分流入企业内,往往存在"只拿了20%的钱却贡献了80%的成果"的情况。华大基因就是一个最典型的例子,由于是以论文数量论英雄,所以,华大基因在自然科学领域的排名就靠后了。

企业拿不到科研经费造成的一个问题就是科技成果转化不足。尽管现在不少大学设有转化中心或创新中心,其转化工作也在各市布局基地,抑或是研究院所分中心,等等,但是,他们做到一定程度就很难继续往下做。因此,高校的科技成果转化力量有限。而且,企业需要的是经过孵化后的成果,高校则受限于孵化投入高等原因,这导致其科研成果无法做到和企业的无缝对接。所以,一方面,企业无法拿到科研经费;另一方面,高校拿到科研经费后往往是以发几篇论文为目的。因此,存在科技成果到市场化产品的断层。

4. 知识产权保护亟待加强

知识产权是维护市场秩序的有效制度安排,是企业参与市场竞争的合理游戏规则。知识产权的市场化、法治化、国际化程度,是衡量一个城市国际竞争力的重要指标。广东在知识产权的创造、运用、保护、管理与服务方面都走在全国前列，如早在2008年深圳便率先出台了全国第一部综合性知识产权保护的特区法规——《深圳经济特区加强知识产权保护工作若干规定》，为完善知识产权保护体系、加大知识产权保护力度立下了"汗马功劳"。不过，随着时代的发展，《若干规定》的部分条款和内容已无法与当前广东的创新实力相匹配，在实际中仍旧经常出现一些恶意侵权的行为，但是，针对侵权行为的立法目前还不完善，反复出现的问题有非实体恶意侵权、反复侵权、专利流氓、非对称专利竞争、非核心专利技术对抗核心专利技术等等。而且，目前知识产权维权举证难、周期长、成本高、赔偿低、效果差的现象还普遍存在，很多时候等企业拿到胜诉结果时市场机遇已经过去了。这一系列法律问题仍然对于高科技研发企业的经营和生产都产生着持续的恶劣影响。

5. 区域经济协同能力需进一步加强

广东经济和科技区域发展不均衡，经济实力和科技资源都集中在珠三角，粤东西北相对落后。所以，尽管政府出台了很多相关优惠政策，如发行创新券鼓励中小企业向科研机构购买设备和科研成果，但是，由于发展的不均衡导致粤中西北的地区无法享受到政策红利，所以无法形成协同发展。经济发展的不均衡也导致了创业投资机构的覆盖范围也就仅限于珠三角地区，其他地区由于缺乏资金的支持而很难发展科技型企业。

三、广东中小企业科技创新实现"逆袭"的路径

广东作为经济大省，依靠改革开放以来形成的市场化环境，在促进企业技术创新与中小企业"逆袭"的过程中，政府坚持有所为有所不为，取得了很好的效果。广东的实践，为国家层面以及其他省份推进企业技术创新与中小企业"逆袭"提供了宝贵的经验，其所面临的困难也为如何进一步深入促进企业技术创新与中小企业"逆袭"提供了新的着力点。

（一）坚持"政府搭台，企业唱戏"，加大软硬件基础设施投入

由于广东毗邻香港地区，企业的法律意识比较强，受到政府的束缚就

相对比较小，政府采用的是服务企业、帮助企业的态度，而不是"管制"的做法。因此，广东省各地方政府把重点放在营造良好的"软环境"上，在制定科技政策时始终以企业和市场的需求为导向，并力图与企业分担风险，所以能够很好地发挥出企业自身的活力，通过市场的力量让企业做大做强，而不是依赖政府在后面推着走。在"硬设施"的搭建方面，广东各地政府坚持"企业做不了的通过政府的力量来配套"。比如，大型的科研设备平台和基础研究平台，投资往往是几十亿量级的，企业没有实力和积极性去布局，就充分发挥政府的主观能动性进行布局，包括天河二号以及现在正在规划的东莞中子城，都是政府投入大笔资源进行建设的结果。总而言之，通过软环境和硬设施相结合，充分调动了科技型企业的积极性，也弥补了市场在基础研究投入方面的失灵。

（二）积极转变政府职能，提升政策制定和执行能力

广东在促进企业技术创新发展时，政府积极转变职能，突出服务功能，主要是通过引导调节、提供公共品、监督监管等来发挥作用。一是重视发挥政府的引导作用，坚定不移地实施创新驱动发展战略，引导创新主体加大研发投入，降低创新主体研发成本；二是不断完善科技管理体制机制，激发创新主体活力，提高科技资源配置效率，促进科技成果转化产业化；三是主动增强服务意识，充分认识当前区域科技创新竞争现状，积极为创新主体搭建平台、营造环境、提供扶持；四是努力提高政策制定和执行能力，深入了解创新主体需求，推动政策落地执行。

（三）构建全方面服务体系，激发创新主体活力

第一，加强企业金融服务。金融服务是解决企业流动性需求的重要手段，而高科技企业普遍面临固定资产不足、抵押能力较差等问题，这与商业银行传统的信贷评估标准存在差异，对此，广东政府部门针对高科技企业经营特征，通过和金融机构合作的方式，利用财政资金撬动加创新贷款标准的方式，解决了中小科技型企业融资难的问题。

第二,加强企业创新全链条服务。针对企业发展的不同阶段给予不同程度的资金支持,既是实现资源更有效配置的方式,也是政府差异化服务的体现。广东省通过构建"创业企业—瞪羚企业—独角兽企业"的全链条管理体系,为高新技术企业提供了一条清晰的成长路径。

第三,加强生活配套服务。高科技人才的引进不仅需要有适合其事业发展的创新创业环境,还需要有适合的生活环境与之匹配,其中最核心的是住房问题,广州、深圳和珠三角城市由于土地面积受限,房价居高不下。因此,政府应该加强保障性住房的建设,降低人才的生活成本,对于引进的国际性人才如"十大诺贝尔奖获得者",也应该构建一个国际性的社区,营造出国际性的生活环境,只有这样才能吸引人才在广东扎根。

(四)加强知识产权保护,为企业创新创造良好的环境

十九届中央深化改革组首次会议通过了《关于加强知识产权审判领域改革的创新若干问题》,强调要加强知识产权审判领域改革创新,充分发挥知识产权司法保护的主导作用,树立保护知识产权就是保护创新的理念,完善知识产权诉讼制度,加强知识产权法院体系建设,加强知识产权审判队伍建设,不断提高知识产权审判质量效率,优化科技创新法治环境。在这个政策大背景下,广东省应深化知识产权保护体制机制改革,针对目前知识产权保护中存在的突出问题,在制度建设层面进行一些突破性尝试,构建与创新驱动发展要求相匹配、与国际通行规则接轨的知识产权综合管理体系,率先在全国建立最严格的知识产权保护制度,加快打造全国知识产权严格保护示范区和具有世界影响力的知识产权保护高地。

(五)积极引入大院大所,加强源头科技创新

广东省作为定位为具有国际影响力的科技产业创新中心,必须补足科教资源的短板。目前,广东并不缺乏一般性人才,主要是缺乏高层次人才,即源头的创新和掌握源头技术的高层次人才。这种现状当然可以通过人才的引进来缓解,但从长远来看,广东应该大力发展教育事业。如果人

才技术都是拿来主义，广东高新技术产业发展的风险性便会很高。由于广东没有众多的高校和科研院所的历史积淀，要像北京、上海等地在短期内建许多高校不太现实。对此，广东可以通过"虚拟大学园"的方式，吸引国内外名校入驻，其基本功能定位为"引进名校教育资源，发挥名校聚合优势，构筑高层次培训教育基地；作为大学科技成果转化窗口，逐步提高本地科研开发能力；作为大学科技产业化的平台，形成新产业和新企业的孵化基地"，其最重要的功能是培养、塑造高素质人才，为高新技术产业换血、输血。虚拟大学园的创立，为广东人才培养起到了重要的作用，不仅为广东高科技及产业化提供了强劲的动力，而且促进了周边地区高新技术产业的发展，同时也对驻园高校的观念更新与市场经济人才的培养产生了深远的影响。未来，广东应该继续加大引入大院大所的力度，形成本硕博一体化的教育体系，为高新技术产业的发展提供原动力。广州相比深圳，拥有更多的科教资源，应该继续加大基础研究的投入促进源头创新，积极引入大院大所，建立环大学知识经济圈，通过广深科技走廊加强知识的溢出效应，与深圳形成优势互补。

四、广东中小企业技术创新与发展壮大的典型案例

案例之一：深圳大疆创新的技术创新"逆袭"

（一）公司基本情况

1. 公司简介

深圳市大疆创新科技有限公司（DJI-Innovations，简称"大疆创新"），2006年由香港科技大学毕业生汪滔等人创立，是全球领先的无人飞行器控制系统及无人机解决方案的研发和生产商。目前，公司有员工2800多人，客户遍布全球100多个国家，是一家科技型民营非上市公司。大疆创新的领先技术和产品已被广泛应用于航拍、遥感测绘、森林防火、电力巡线、搜索及救援、影视广告等工业及商业用途，同时，亦成为全球众多航模航

拍爱好者的最佳选择。

2. 产品与研发

作为全球顶尖的无人机飞行平台和影像系统自主研发和制造商，大疆创新始终以领先的技术和尖端的产品为发展核心。从最早的商用飞行控制系统起步，逐步研发推出了 ACE 系列直升机飞控系统，多旋翼飞控系统，筋斗云系列专业级飞行平台 S1000、S900，多旋翼一体机 Phantom，Ronin 三轴手持云台系统等产品。大疆创新不仅填补了国内外多项技术空白，并成为全球同行业中的领军企业，大疆创新以"飞行影像系统"为核心发展方向，通过多层次的空中照相机方案，带给人们全新的飞行感官体验，使得飞行在普罗大众中皆能随心所欲。

2015 年 12 月，大疆创新宣布推出一款智能农业喷洒防治无人机——大疆 MG-1 农业植保机，标志着大疆创新正式进入农业无人机领域。这是一款实现防尘、防水、防腐蚀的工业级设计产品，大疆为其配备了强劲的八轴动力系统，使其载荷达到 10 千克的同时推重比高达 1∶2.2，每小时作业量可达 40～60 亩，作业效率是人工喷洒的 40 倍以上。MG-1 药剂喷洒泵采用高精度智能控制，与飞行速度联动。在自动作业模式下，可实现定速、定高飞行和定流量喷洒。

近期，大疆创新在 2017 年上海 MWC 世界移动大会上展出了全新的 SkyCells 民用无人机及航拍技术通信应用解决方案，获得业内广泛关注。会上，大疆创新展示了与代理商中睿通信规划设计有限公司共同研发的 SkyCells 无人机载干扰排查系统和 SkyCells 通信巡检系统。两款系统大幅提高了网络优化与维护环节的工作质量与效率，解决了目前信息通信行业的痛点。

截至 2016 年，大疆创新在全球已提交专利申请超过 1500 件，获得专利授权 400 多件，涉及领域包括无人机各部分结构设计、电路系统、飞行稳定、无线通信及控制系统等。同时，大疆创新的研发实验室里储备了未来 2～3 年的最新科技，并持续融入创造力和想象力，使得这些超前的科技成果得以转化。

3. 创新理念

2015 年 2 月，美国权威商业杂志《快公司》评选出 2015 年十大消费类电子产品创新型公司，大疆创新科技有限公司是唯一一家中国本土企业，在谷歌、特斯拉之后位列第三。

大疆创新之所以能够在全球竞争中立于不败之地，主要源自公司追求极致的创新理念。大疆极其注重文化的锤炼、塑造和输出，推崇"激极尽志、求真品诚"的价值观，力图以梦想为动力，开辟创新、拼搏、极致的创作净土，吸引和影响更多志同道合的人。梦想、人文、创新、品位、净土、极致、真诚和童心，高度浓缩了大疆的文化核心。大疆坚信，只有通过不断输出更好的产品和技术，辅以激进文化和极致价值观的强大感染力，才能最大限度地服务于市场和客户。

4. 市场定位

目前，大疆创新凭借自主知识产权的无人机技术占有 70% 以上美国市场，但是大疆创新在国际市场上也不乏有力的竞争者。例如，总部设在美国加州伯克利的 3D Robotics 就是大疆的一个强大的竞争对手。除此之外，大疆还面临着法国无人机厂商 Parrot，以及中国本土众多山寨厂商的挑战，他们都渴望从规模不断壮大的消费级无人机市场分一杯羹。

大疆创新采取的是无差异市场营销，即如可口可乐一样，全球发行的无人机都是一个系列，无论是军用、农用还是消费级无人机，大疆都占有很大的比例。与其他无人机厂商一样，大疆的大部分市场营业收入来自国外，2014 年的比例是美国、欧洲和亚洲三个地区各占 30%，剩余 10% 则由拉美和非洲地区贡献。

5. 发展战略

考虑到公司高科技行业的发展特点，大疆创新在制定企业发展战略的时候主要原则是以产品创新为发展的原动力。大疆创新始终坚持创新和原创的理念，并且对产品的研发规划十分超前和严苛，坚持做到每推出的一款新产品都具有比市场上同类型产品更强大、更稳定的性能。

目前，大疆创新凭借超过 1500 名工程师的研发团队掌握着数百项专利技术，除了位于中国深圳的总部之外，大疆创新还在海外设立了多个研发机构。大量的研发投入与技术人员保证了大疆创新具备强大的市场竞争力，在保证质量的同时保证了专业性。大疆凭借与全世界范围内产业思路清晰、视野超前的同行紧密合作，形成强大的大疆创新商业圈，创造和推广更多、更极致的技术和产品。

(二) 大疆创新实现"逆袭"的路径

1. 创业阶段

(1) 学有所成，自主创业。大疆创新是一家特立独行的公司，也是诞生于大学生宿舍的企业。2006 年，大疆创始人汪滔在香港科技大学求学期间就开始创业；2008 年，其团队不过五六人，到 2017 年公司员工已近4000 人。创始人汪滔通过在香港科技大学的学习，积累了宝贵的技术实力，同时也激发了其对于无人机行业的无限热情。在校期间，汪滔追随自己的兴趣执着创业，几乎不靠融资也不追求上市，用了 9 年时间成为全球无人机行业的领军者。

大疆创新从 2006 年开始研发，2012 年才正式推出了首台无人机，后台研发的过程极其艰难，大疆创新凭借坚持研发超越了众多竞争者。大疆创新一直以来潜心研发，不仅在 5 年间做出了 3 个系列的无人机（小型轻便无人机、中型携带摄像设备的无人机、大型农用无人机等），并且为无人机行业培育了一批研发人才，为大疆创新乃至无人机行业做出了很大的贡献。

在创业阶段，除了技术实力之外，大疆创新对于国际创新局势的把握也很重要。由于创始人的教育背景，大疆创新对于海外市场与欧美发达国家产业情况了解较充分，大疆创新正是通过对全球产业发展的分析，发现了国外创业者的真实状态并非与几十年之前一样如日中天，实际上可以说已经显露疲态。根据大疆创新介绍，美国硅谷是科技创新的中心，当地具有浓厚的上市文化，即科技研发—上市—卖出股份—拿钱退休，而这一文化并不利于科技型中小企业的持续发展。另外，日本家族企业的长期固化，也导致日本虽然科技人才充足，但创新活力不足。

大疆创新的创始人汪滔凭借高等学府的专业技术传承，凭借自身对于无人机行业技术创新的专注，和对于国际形势的正确把握，实现了大疆创新从无到有的创业理想。正是由于大疆创新善于把握国际竞争格局。因此，它能够迅速从市场中脱颖而出，成为中国制造领先国际的榜样。

（2）国际化视角，定位高端。大疆创新目前在无人机行业占据70%的市场份额，其中，八成销往国外。与其他从东南亚市场拓展到欧美市场的高科技企业不同，大疆是从北美市场出发，到欧洲市场再到国内市场。大疆非同一般的"出海"路径得益于它对于品质的坚持和对市场的把握。

大疆在创业之初便确定了"做世界第一"的目标和定位，高标准、严要求是大疆创新一贯的定位，每个月只卖几十台产品，也要力争成为全球最好的无人机。在这一定位思想的指导下，大疆无人机成为全球最顶尖的无人机制造商，成功占领以挑剔著称的欧美市场。尽管无人机技术含量很高，大疆仍然希望做普通消费者也能用得起的产品，大疆近年研发的入门级无人机产品均保持在六七千元的价位。虽然大疆希望让好用的产品更便宜，但是牺牲品质去迎合低价却是大疆极力反对的。

大疆认为，一个只做到3分的产品通过精心包装在社交圈中宣扬，也能获得很多的肯定。但这并不能从根本上帮助中国企业追求产品独创性。大疆的目标是做一个专心致志的技术公司，唯有在产品上不断攀登制高点，才能防止一个本可能对人类社会有深刻影响的技术被篡改成商业玩物或忽悠资本的工具。

2. 成长阶段

（1）掌握核心技术，研发高投入、高产出。大疆创新对于产品研发非常看重，研发是公司生存和发展的首要因素。公司在研发方面投入很多，与大量的研发投入相对应的是，公司在无人机方面获得了一系列的核心技术。

无人机的核心技术包括飞行控制系统、云台、摄像机等，在做完系统集成的一体平台后，大疆创新产品的整个技术都在行业内处于领先地位，并且领先于国内外其他公司。由于大疆创新具有外部产业链的支持和核心零部件的自制能力，公司产品均为自主研发产品，且实现了飞控系统、云台、摄像头、图像传输等核心部件模块化资质。因此，在市场上拥有较强的产业定价能力。

大疆最初的核心技术在于成熟的飞行控制系统，但公司不满足于仅拥有一项技术。因此，逐步开始开发扩展更完整的技术能力——建设公司的云台、相机和图像传输设备。到了2013年，大疆创新生产出品质优秀且高度一体化的 Phantom Vision 视频拍摄设备，这款新设备市场售价 1000 美元以上，为公司带来了较高的利润率以及绝对垄断的市场份额。

（2）借助深圳创新环境，产业链无缝对接。大疆创新的成功，除了自身的研发与把握市场之外，还在于大疆善于借助深圳在创新环境方面的独特优势谋求自身发展。具体来说，大疆创新在成长阶段结合深圳市的创新环境，借助广东省产业链优势，研发生产无缝对接，率先占领市场。

中小企业实现"逆袭"需要土壤，产业链、人才环境的结合很重要，大疆创新在国际市场的竞争中能够胜出，与深圳市创新氛围、广东省的产业环境关系紧密。与全国其他省相比，广东省是我国第一经济大省，全省生产制造业发达，经济发展情况稳定繁荣，电子信息技术、互联网等高科技行业聚集，具有良好的产业基础。而与省内其他城市相比，深圳市更是改革开放发展市场经济的前沿阵地，是连接香港和内地的纽带和桥梁，政策宽容，管理理念先进，拥有众多上市公司和世界 500 强企业，具有宽松的创业环境。

此外，产业链与生态圈对于科技型中小企业的生产发展非常关键。通过大疆创新的案例，不难发现，高科技企业想要实现"逆袭"，除了研发方面的技术支持之外，如何顺利投入生产也是重要的一环。大疆创新在国际市场的竞争中能够胜出，与广东省内的产业环境关系紧密，要实现研发与生产的无缝对接，离不开完整的产业链。没有产业链的配合，研发的结果得不到落地实施，或者技术转化速度大大落后于国外竞争者，这些问题都将直接影响科技型中小企业的发展。因此，选择制造业集中的地理环境进行创业，对于创新型企业的成长与技术转化至关重要。

（3）竞赛选拔人才，挖掘精英。大疆创新在实践中非常重视人才的培养与选拔。公司认为在工业 4.0 的大背景之下，科技人才是科技研发的主要力量，未来市场的竞争是人才的竞争。而人才的启蒙和兴趣培养则决定着人才的发展道路，大疆创新在人才管理方面的思路非常清晰明确，人才启蒙、人才培养、人才招募、人才发展，这一条路径环环相扣，大疆从头到尾都要抓。

在人才培养方面，大疆创新的理念是早启蒙、早培养，通过多年在人才市场的探索，大疆创新意识到从本科开始培养科技人才的兴趣爱好已经太晚，于是公司大胆提出了从小学生开始入手的多层次兴趣培养模式。大疆创新通过夏令营的模式培养中小学生对无人机和机器人等方面的兴趣爱好，结合社会责任与公司人才需求为一体，展示了早培养早启蒙的先发优势，由此启发了一大批热爱无人机的中小学生成为大疆无人机的"粉丝"，在后期高考择业时考入相关学科，以能从事无人机行业研发为志向，这一举措也为大疆自身人才培养提供了充足的后备资源。

此外，大疆全力打造极具观赏性的RoboMasters大学生机器人比赛，旨在挖掘、培养工程技术精英，掀起全民科技热潮，助力深圳打造"中国硅谷"。这种多层次的兴趣培养方式为大疆创新在市场宣传和人才后备力量方面都提供了充足的支持。

在人才招聘方面，大疆创新认为智能生产对于科技人才的需求是极大的，大疆试图最大限度地整合珠三角（含港澳）地区的产业集群优势和学术资源优势，吸引全球最优秀的科技人才汇聚此地。此外，大疆创新在全国范围内招揽人才，公司的研发人员主要来自哈尔滨工业大学、华中科技大学、北京理工大学、北京航空航天大学等学校，用人才引进保证公司的研发优势和技术优势，促进公司未来的长远发展。

最后，大疆在人才选拔上可以说是不拘一格，大疆创新明确提出公司不偏向于招收应试成绩高的学生，而是把机会留给积极、有兴趣、有潜力的高校学生。科技研发是枯燥而繁杂的过程，其中困难阻碍重重，除非具有很强的兴趣和爱好，否则难以为继，在此理念的支持之下，大疆创新更加看重人才的兴趣爱好与潜力。在实际研发过程中的表现也可以印证这一问题，往往研发成果并非出自最高精尖的团队，而是真正想办法解决问题的团队。

（4）定向专利申请，海外专业化团队操作。随着创新研发与国际市场的不断扩大，大疆对专利申请的投入增加明显，专利申请是技术成果必不可少的保障。因大疆80%的市场集中在欧美地区。因此，大疆的专利申请均是通过相应国家的代理或者专业人员来完成，这种因地制宜的方式既保证了申请的效率，也确保了申请的质量。同时，为保证每一项权利要求的清晰、明确、全面，大疆会定期考核与其合作的代理机构，来确保每一件专利的质量，为后期的专利运营打下坚实的基础。

对于企业来说，合理把握技术研发与专利保护的投入比例至关重要，这就要求平衡技术创新与专利保护的投入资金，以确保企业在产品的不断更新换代中站稳脚步、逐步发展壮大。另外，还要采用有效的方法对自身专利实施更好的保护，在实现快速获得专利权的同时还能保证其稳定性，因为对于企业来说，专利申请与科技创新同样具有重要性。

3. "逆袭"阶段

（1）深耕市场定位，满足客户体验。无人机发展至今已经有近百年的历史，一直以来，受到技术、政策等因素的限制，无人机发展速度一直比较缓慢，而且主要集中在军事领域。大疆创新公司成立之初主要是销售航模产品，主要客户是企业级客户，大多是一些国有企业，用于科技展示等。在此市场环境之下，大疆创新能够快速发展壮大成为无人机行业的领军者，并非仅仅是因为创新研发做得好，更重要的是公司能够把握市场机遇，通过市场调查熟悉市场情况，把握机会，成功转型。

据公司调查分析，无人机市场面临政策、行业竞争和市场需求三方面的利好因素。

第一，无人机受国家政策支持。美国联邦航空管理局正在逐步放宽企业使用无人飞机的限制。在中国，低空改革系列配套政策的陆续出台，为无人机市场提供政策支撑。

第二，民用无人机需求广泛，潜在市场规模巨大。如农用植保、森林防火、电力巡检、石油管道巡检、防恐救灾、地质勘探和海洋遥感等，潜在市场空间极大。

第三，行业处于不完全竞争状态。亚马逊、顺丰等正在尝试无人机取代快递，无人机在农业上的探索也受到了广泛的关注。目前，无人机的主要应用还处于消费级市场，在农业、消防等方面的探索还处于尝试阶段，还没有得到广泛应用，这对无人机行业来说是一片蓝海。

在熟悉掌握了市场利好的情况之下，公司进行了重要的转型，第一款基于飞控技术面向消费者的产品 Ace One 面世，定价低于当时市面上的大部分产品。此次转型，公司通过价格控制一举打开了市场，面向全世界范围内的模型爱好者进行销售，依靠技术优势和价格优势迅速打败了当时国内的主要竞争对手。2010 年前后，全球无人机市场出现了井喷式增长，大疆创新再次跟随技术扩散的路径进一步转型升级，成为无人机行业的龙头。

在改善用户体验方面，大疆一直走在市场前列。大疆精灵系列的 Phantom 1 是全球第一架一体无人机，无须装配其他部件，真正实现了开箱即飞。2013 年，大疆研发出了"全球第一款空中照相机"大疆精灵 Phantom 2 Vision，它集成了图像传输技术，使得无人机在空中时，摄像头可实时传输回拍到的影像，用户也可通过自己的终端控制摄像头的角度。但无人机遇到外力干扰时，拍摄会出现抖动问题。大疆的研发团队于是将云台技术进一步升级，陆续推出大疆精灵 Phantom 2 Vision + 和 Phantom 3，无论做何种大幅度摆动，其拍摄出的图像依然稳定。

在大疆创新的发展历程中，市场的力量不可忽视，善于分析市场、把握市场，通过分析市场满足用户的消费体验，这是大疆创新"逆袭"成功的关键，也是大疆创新能够提供给众多同类创新型企业的非常宝贵的经验。

（2）多媒体互动宣传，扩大品牌知名度。在市场宣传方面，大疆创新目前采取多渠道、多元化的宣传方式，为了扩大企业知名度、拓展国内外市场进行了产品发布会、拍摄宣传片、主流媒体宣传、跨界联合等多种尝试。

其一，大疆主要采取隆重的发布会进行产品宣传，海外为先，国内为辅。2016 年 3 月，大疆创新在纽约正式发布了其最新产品——Phantom 4，并在深圳也举办了一场新品发布会，主要邀请国内媒体参加。双发布会的基本原则是，国外发布会在先，国内发布会为辅，国内主要作用是媒体沟通，这也成为近年来硬件产品国际化的流行策略。发布会地点定在纽约，显示了大疆创新对欧美市场的重视，在定下了高端的产品调性后，也会反过来推动国内市场的销售。

其二，超级宣传片，多维度诠释产品。大疆在发布会之前就制作了一个非常神秘的预告短片，为产品发布会造足了悬念。发布会后，大疆又花重金打造了五部官方超级宣传片，从创意、技术、速度、独特用途等视角，用饱满的叙事手法、激动人心的故事，全方位展现了 Phantom 4 在智能飞行、创意拍摄、救援等方面的产品特性。整套产品宣传片都采用英语解说，在拍摄场景、演员选择上国际范十足，在全球主要视频平台、社交网络上广泛传播，无疑为海外营销提供了助力。

其三，《华尔街日报》、Wired 等主流媒体测评。科技产品、智能硬件的良好营销环境，离不开各大科技测评媒体的测评意见，大疆邀请国内外主要测评机构对其进行了全方位的测试和评价。从主流科技媒体的测评来看，大疆做到了两点：①引发了关注度；②形成了不错的口碑。这两点对科技产品来说是至关重要的。作为利益相关者之一的测评媒体，大疆在与其在产品送测、发布会推广、舆论把控等的沟通过程中是非常用心的。

其四，跨界联合。大疆创新分别与全球各地 Apple Store 零售店、苹果官网建立零售关系。除了将苹果官网、旗舰店作为首发平台外，Phantom 4 也会在独家销售期结束后，陆续进入其他零售平台。线上与线下的销售渠道整合，确保便利地购买，是大疆在开发海外市场中的又一可圈点之处。

（3）联合下游，开发应用市场。其一，创办无人机飞行培训学校，建立飞行技术认证体系。随着无人机被应用在更多的专业领域，专业飞手人数不足已成为制约无人机行业成长的瓶颈。为此，大疆 2016 年在深圳成立慧飞无人机应用技术培训中心，推出针对各行业的无人机培训课程，通过考核的学员将获得认证证书。慧飞培训中心聚焦无人机行业应用，提供飞手入门、行业进阶和设备维护等培训，将成为全球认可的无人机应用技能认证体系。

慧飞培训中心总部位于深圳，在北京、南京、重庆、济宁设有分校。学校配备数个多功能教室与超过一万平方米的飞行训练场地，可满足大规模培训要求。目前，该中心已设立农业植保机飞行课程和农业植保机维修课程，并将在未来推出能源、安防、搜救、工业等领域的培训课程。中国航协通用航空分会、中国成人教育协会将为通过考试的慧飞学员颁发相关合格证书。

大疆创新通过这一举措培养出符合市场需求的专业人才，解决后期应用市场人才短缺，同时，扩大兴趣爱好者的基础人群，探索符合市场与企业需求的培训体系、评价体系和职业标准。

其二，大疆创新 2017 年 4 月与千寻位置发布战略合作，共同开拓应用市场。双方在产品、市场、产业等领域协作，推进北斗高精度公共服务在无人机行业落地,推出了结合千寻知寸服务的 MG-1S 农业植保机网络 RTK 版升级套餐。大疆创新看好无人机在农业领域的广阔前景,并认为北斗高精度公共服务是无人机植保应用的基础性技术之一。

MG-1S 农业植保机发布于 2016 年 11 月,配备了大疆 A3 飞控系统,升级后的网络 RTK 版内置了机载 D-RTK 高精度导航定位系统,可配合手持测绘仪及基站使用。同时,该产品引入了千寻知寸技术,使用千寻服务的用户,可不必自建基站,通过移动通信网络获得高精度位置信息,实现厘米级的定位与喷洒。目前,由千寻支持的 MG-1S 网络 RTK 服务已覆盖北京、天津、江苏、浙江、上海等 18 个省(直辖市),未来还将陆续拓展至全国。见图 2-1。

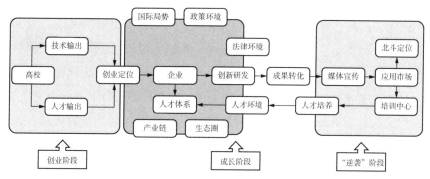

图 2-1 大疆创新实现"逆袭"的路径示意

大疆创新与千寻还将共同研究适用于无人机植保工作的标准作业模式,利用千寻提供的全国统一基准和北斗高精度定位系统,结合大疆平台,探索农田地块测绘、信息上传/下载、无人机智能作业的完整工作链。这一举措为大疆创新开拓应用端市场提供了更多途径。

(三)大疆创新实现"逆袭"的启示

1. 妥善选择创业地点,为"逆袭"奠定基础

在大疆创新的案例中,可以看到创业环境是科技型中小企业至关重要的发展制约,大疆创新的萌芽与发展离不开广东省的大环境,离不开深圳市的小环境。与全国其他省相比,广东省是我国第一经济大省,全省生产制造业发达，经济发展情况稳定繁荣，电子信息技术、互联网等高科技行业聚集，具有良好的产业基础。而与省内其他城市相比，深圳市更是改革开放发展市场经济的前沿阵地，是连接香港和内地的纽带和桥梁，政策宽容，管理理念先进，拥有众多上市公司和世界500强企业，具有宽松的创业环境。

大疆选择在深圳这个城市创业，并且得以发展壮大的最重要的因素，是深圳的政策较为稳定宽容，政府管得少。如果政府不开明，约束过多，企业在创业之初可能就会被各种因素扼杀在摇篮里。在深圳，政府对于企业发展干涉较少，并通过开启办事通道等方式快速解决企业问题，完全体现了市场资源配置的特色，即使已经有些名气和规模的企业也不会被过度关注，宽松的创业环境为科技型中小企业的发展提供了良好的土壤。

此外，广东省在人才环境、产业布局上已经有了良好的基础，为大疆创新等科技型中小企业提供了研发与生产无缝对接的可能性。大疆创新在与国际同类企业竞争中，能够在研发效率上超过对方，并能够在投产速度上同样领先于竞争者，由此大疆创新的研发与技术转化才不会沦为空谈，而是能够落实到产业上，领先投放市场，由此获得良好的销售业绩。这一过程正是实现"逆袭"的关键过程，也是科技转化为生产力的关键点。

2. 创新与专利申请并重，实现成果转化

在大疆创新的发展与"逆袭"过程中，技术创新始终是大疆取得成功的主要途径，随着创新研发与国际市场的不断扩大，专利申请则是对技术创新必不可少的保障。

大疆在技术创新上体现出一种不服输的精神，这种精神也是大疆创新能够提供给我国众多创新创业企业作为参考的重要信念。对于创新，大疆创新具有自己独到的经验。大疆创新认为科技创新要有不服输的精神，没有技术要自己研发、自己解决，不要自惭形秽，不要有惰性。创建初始，大疆在生产研发过程中遇到很多技术难题，面对种种困难，大疆创新用5年的时间潜心研发，攻克了很多技术难题，获得一系列专利，最终产品顺利走向国际市场。在漫长的研发过程中，大疆创新也遇见过很多难以解决的问题，但正是不服输的精神支持大疆创新走出了困境。

目前，我国的科技仍落后于发达国家，这是一个不争的事实，但同

时，我国发展势头正劲，落后的状态亟待改变。很多科技创新创业企业都会遇到技术难题，甚至生存问题，创新的核心精神就是攻克难关，缺乏技术就要靠研发获得技术。只有发扬坚忍不拔的精神，才能攻克众多的技术难题。

3. 启发式人才培养，为"逆袭"输送氧气

大疆创新的案例显示，高科技行业具有脑力劳动密集的特点，未来的竞争是人才的竞争，人才是首要的资源。只有合适的人才才能在企业发展的关键时刻提供必要的支持，做出正确的决策，从而超越对手。从大疆的发展经历来看，公司面临的瓶颈既不是市场、资金，甚至也不是技术，而是企业面对太多的发展机会却缺少有能力把问题"看清楚，想明白"的人才，去将这些机会逐一变为现实。企业需要一批具有真知灼见和创新求真精神的核心人才，但这在当今中国恰恰是稀缺资源。

而高科技人才由于培养难度大、培养速度慢、数量少等原因，也是企业之间竞争的焦点。为了弥补这一问题带来的影响，大疆创新通过启发式培训等方式进行了一定程度的改善，这种方式由于企业自身能力和专业化程度的不足，还不能完全改变目前的状况。为了更好地培养高科技人才，对于小学、初中、高中学生的启发式教育有待加强，尤其是与高科技等相关的体验式教学，尽量实现早启蒙、早培养的理想状态。

如大疆创新这类高科技企业，在行业内不缺市场，也不缺资金，唯有人才是能够决定公司命脉的关键。大疆创新的技术型人才储备主要有两类，一是传统工程师，二是科学家，这才是真正让大疆与众不同的地方。大疆的成功经验是招募更多专注做事、追求极致的人才。唯有发掘出潜在的明星工程师，才能重新解构"中国制造"的内涵，真真正正在国际上昂首挺胸。

4. 关注消费者需求，拓展市场空间

作为科技创业企业，大疆认为一切科技创新和研发的动力，实际上是为了提升产品的使用体验，技术成果转化的终极目标便是改善产品的用户体验。大疆创新一直以来从解决实际问题的角度出发，进行有目的的研发与技术创新，通过一系列的专利与技术成果转化实现了无人机产品用户体验的提升。

在关注消费者需求方面，大疆一直走在市场前列。大疆创新通过合理的定价，将基于飞控技术的产品 Ace One 推向世界范围内的模型爱好者，依靠技术优势和价格优势迅速打败了当时国内的主要竞争对手。之后，大疆又推出了精灵系列的全球首发一体无人机 Phantom 1、全球第一款空中照相机 Phantom 2、防拍摄抖动的 Phantom 3，为满足消费者需求进行了大量的努力与创新。

此外，大疆创新还通过联合下游应用客户端，创办无人机飞行培训学校，提供飞手入门、行业进阶和设备维护等培训，建立飞行技术认证体系，解决专业飞手人数不足的瓶颈。与千寻位置发布战略合作，推进北斗高精度公共服务在无人机行业落地等一系列举措，为消费者提供更加顺畅的消费体验，为开拓市场铺平了道路。

在大疆创新的发展历程中，市场的力量不可忽视，善于分析市场、把握市场，通过分析市场满足用户的消费体验，这是大疆创新"逆袭"成功的关键，也是大疆创新能够提供给众多同类创新型企业的非常宝贵的经验。

案例之二：珠海伊斯佳股份的制造"逆袭"

（一）伊斯佳公司基本情况

1. 行业背景

我国化妆品市场为全球第二大市场，规模已经超过 3000 亿元，行业 CAGR（年复合增长率）高达 9.1%。过去五年我国化妆品行业 CAGR 为 9.1%，远高于全球平均 CAGR 的 4.1%。预计 2019 年，我国化妆品行业市场规模可达 4906 亿元。对比海外化妆品市场，我国化妆品市场的发展有很大潜力。我国化妆品市场近五年复合增速（9.1%）远高于全球第一大市场美国（CAGR<3%）和全球第三大市场日本（CAGR<－5%）。五年来，我国人均化妆品消费额从 169.80 元上升到 352.40 元，实现翻倍，但仍远不及日本、美国、韩国等海外市场。

与此同时，竞争激烈，行业集中度低，护肤品市场份额最大的品牌市场份额仅为5%。曾占主导地位的外资品牌逐步走下神坛，市场占有率逐年下滑。随着本土品牌的品质提升以及对新兴销售渠道的把控，内资品牌的化妆品市场份额逐渐提升，外资品牌的市场占有率则开始下滑，甚至一些知名海外品牌都被迫退出中国市场。

2. 公司简介

伊斯佳公司是一家依靠高科技生物化学技术、专业从事美容化妆品及保健制品开发、生产和销售的综合型企业。经过多年发展，至2013年，伊斯佳企业拥有超过12000平方米的两大生产基地，业务覆盖中国、东南亚及欧洲，旗下拥有在中国内地、香港地区及澳洲成立的7家海内外公司。拥有从开发、设计、生产乃至策划、营销和服务等环节的强势人才组合，以及由多名生化、医学、药学专家组成的科研开发队伍，配合国内GMP标准生产厂房的硬件基础和先进管理系统，由此确保了伊斯佳的产品在业内高起点的领先地位。伊斯佳公司以品质、创新、诚信一直走在行业前列，以专业、全面凸显企业优势。2000年起，伊斯佳企业迅速跃升为中国专业美容化妆品行业中的十佳企业之一。2000年，伊斯佳和现代经典两大品牌荣获"中国公认名牌产品"称号；2001年，在珠海市南屏高新科技工业园购买土地，筹建超过8000平方米的新厂房；2002年，伊斯佳美容品被授予"中国美容化妆品二十强品牌"称号，同年，伊斯佳公司被评为"国际级高新技术企业"；2003年，被珠海科学技术局评为"生产科技型企业"，伊斯佳公司成为广东外语外贸大学国际工商管理学院及华南师范大学生命科学院教育实习基地，这一年，品牌的营销通路和销售管理模式被列为2003年中国优秀营销案例，"现代经典香薰系列产品"被授予"营销创新奖"，同时，"现代经典"品牌被评为"拉动中国美容业市场营销十大品牌"之一；2004年，获颁中国美容行业"十大最佳企业奖"，伊斯佳美容品牌被第三届美容时尚周评为"影响中国美容经济二十大品牌"之一；2005年，伊斯佳美容品牌获中国百万读者评选为"最受消费者欢迎的二十大美容品牌"，同时伊斯佳美容品牌获授"中国美容行业十大最具创造力美容品牌"称号；2006年，"现代经典"品牌荣获影响中国科技美容"十大领袖品牌"称号；2007年，华山论剑"伊斯佳美容"品牌被评为"中国美容业二十大品牌"。

3. 发展历程

伊斯佳前身珠海市伊斯佳化妆品有限公司成立于 1998 年,拥有 4000 多平方米的生产和办公场地。立足珠海,建成南屏、平东、连湾三大生产基地,共计 10 万平方米。三大基地各配有 10 万级、30 万级 GMP 生产车间,在自动化、信息化和智能化的升级过程中为化妆品产业转型带来变革和机遇。企业与高校的合作从未间断,早在创建初期便成立广东外语外贸大学国际工商管理学院和华南师范大学生命科学学院教育实习基地,伊斯佳和现代经典两品牌营销通路和销售管理模式被列为 2003 年中国优秀营销案例;同被香港贸易发展局列为中国内地 6 个最具潜力和品牌增值效益企业之一。2006 年,成立中山大学药学院教育实习基地并建成国内专业美容企业首个 GMP 标准生产车间,同年推出以传统草本中医和古药秘方为基础的高端功效美容品牌汉娉莎(HERBINSIDE)。2008 年,与中山大学一起技术合作,共同致力于行业特色产品"天然原液"的研发与合作。将名品、明星、名店三者融合为一体,刮起了行业美容风潮。2013 年 8 月,首次推出化妆品行业——原浆。2016 年 6 月,伊斯佳"基于大规模个性化定制的化妆品智能工厂建设"的新模式项目,被列入《中国制造 2025》国家计划,成为全国唯一一家化妆品智能制造和个性定制的示范基地。2016 年 1 月,伊斯佳完成股权改革,获广发证券广发信德 1500 万股权投资。同年 7 月,伊斯佳新三板挂牌成功,证券简称"伊斯佳",股票代码:838858。2017 年 5 月晋升新三板创新层。

4. 产品与研发

伊斯佳企业拥有多名化工、生物、医药专家组成的科研开发团队,平均从业时间超过 10 年,加上中山大学药学院、华南师范大学生命科学学院的科研团队,技术力量十分雄厚,加之拥有国内 10 万级 GMP 标准生产车间的硬件设施和一套先进的数字化管理系统,确保了产品在业内高起点的领先地位。

伊斯佳股份提供多元化的产品种类和服务,包括以伊斯佳、现代经典、BS、汉娉莎、蔻伶等为主的自有品牌业务;以"精致洗浴""值得讲究的护肤"理念为主导的 ODM、OEM 业务;以实战、实效、实操的美容专业、健康保健、连锁经营管理为特色的教育培训业务；以皮肤大数据库、配方大数据库、原料大数据库为技术核心的化妆品私人定制业务；以为传统企业提供设备智造升级、机器人设计及运用的系统解决方案业务。

5. 发展战略

伊斯佳重点布局智能制造，实现大规模私人定制护肤品。2015年5月19日国务院印发了《中国制造2025》规划纲要，为中国制造走向"中国智造"创造了千载难逢的难得机遇；2015年11月26日，国家食品药品监督管理局药化司与广东省食品药品监督管理局副局长方洪添、珠海市食品药品监督管理局等领导到伊斯佳股份进行了实地调研；2016年6月，国家工信部批准伊斯佳股份与山东红领集团、工信部研究员的合作项目《基于大规模个性化定制的化妆品智能工厂建设》公示；2016年7月，国家科技部社会发展科技司副司长邓小明、省科技厅、市科工信息局等领导调研该项目；2016年6月24日下午，国家工信部消费品工业司司长高廷敏，副司长曹学军，处长邢涛、孙平，广东省轻信委消费品处处长万淑萍，珠海市科工信息化局党组书记、局长苏虎等领导到伊斯佳股份进行专题调研。

（二）伊斯佳创新实现"逆袭"的路径

公司成功"逆袭"的关键在于工程技术中心在运行中不断地进行技术创新，技术创新包括以下三个方面的战略：

1. 携手高校，合作创新

工程技术中心在运行中不断地吸收包括依托单位在内的上游科研群体的科研成果，经过工程化、集成化开发，持续地向下游企业或企业群体转移工程化技术。同时，将来自政府部门、科研院所、国内外企业和市场发展中心的技术问题，带到新一轮技术开发循环中去。早在2006年企业成立初期便开始与高校合作、共同研发。先后成立中山大学药学院教育实习基地，并建成国内专业美容企业首个GMP标准生产车间，同年推出以传统草本中医和古药秘方为基础的高端功效美容品牌汉娉莎（HERBINSIDE）。在2008年，与中山大学一起技术合作，共同致力于行业特色产品"天然原液"的研发与合作。将名品、明星、名店三者融为一体，刮起了行业美容风潮。

2. 积极探索，自主创新

除了与高校合作创新，企业也进行自主创新探索，鼓励科研人员对本行业基础研究方面进行原创性的研究，突破技术难关，并通过公司完成技术创新后续工作，积极申请专利，主动进行技术转让，实现技术的商品化和市场化。2016年6月，伊斯佳公司"基于大规模个性化定制的化妆品智能工厂建设"的新模式项目被列入《中国制造2025》国家计划，成立全国唯一一家化妆品智能制造和个性定制的示范基地。项目总投资2.3亿元，并获得财政部批配套资金6000万元、广东省经济和信息化委员会技术改造专项资金1000万元、广东省工业和信息化厅互联网+个性化化妆品智能定制专项资金300万元的支持。创新贯穿于伊斯佳公司的成长历程，引领着企业在激烈的化妆品行业竞争中实现"逆袭"。

3. 引进国外创新和研发

密切关注国内外领先者的技术发展和市场运作态势，主动学习其创新思路和创新行为，吸取其成功的经验和失败的教训，引进购买或破译其核心技术，并进一步地开发，以获得竞争优势。

（三）伊斯佳创新"逆袭"的经验与启示

伊斯佳公司非常注重科技提升和科技投入，将科研开发作为树品牌、兴企业的根本途径，创新项目研发及技术成果转化成效突出。同时，实施"人才强企"战略，打造优秀研发团队。

1. 坚持面向市场的技术创新战略，重视科研基础条件建设

成立专门的研发机构——伊斯佳工程技术研究中心。伊斯佳工程技术研究中心现拥有化妆品界一流的研发设施，有GC、HPLC、VISIA皮肤图像分析仪、多探头机体表面测试系统、皮肤弹性测试仪、皮肤水分流失TEWL测试仪、皮肤油水酸碱度测试仪、皮肤黑色素/血红素测试仪、MTT175头发测试仪等40多台仪器设备，其软硬件实力已达到国内领先水平，是目前国内配备功效评价和原材料分析检测设备最齐全的化妆品研发中心之一。目前，该中心已申请发明专利48件，其中授权发明专利5件。伊斯佳工程技术研究中心先后获批广东省天然抗衰功效型化妆品工程技术研究中心、珠海市化妆品个性化智能制造工程技术研究中心、珠海市级企业技术中心等项目。

2. 产学研合作提升企业竞争力

针对伊斯佳公司研发项目中存在的难点问题，坚持走产学研结合之路，不断吸取国内外同行先进技术和经验。与中山大学、华南理工大学、遵义医学院等著名科研院校进行充分的产学研战略合作。与巴斯夫、德之馨、赛比克（Seppic-France）、科莱恩、西莱博（Silab-France）等国际化妆品原料生产企业建立了合作伙伴关系。

3. 创新项目研发及技术成果转化成效突出

公司依靠创新技术、核心工艺技术不断开拓化妆品新领域。其中，公司申报的"集成式化妆品智能制造设备研发及应用""中药保湿抗衰老成分制备及化妆品应用研究""新型化妆品保湿材料裂褶多糖产业化关键技术研究""植物凝脂仿生凝胶技术"等项目，达到国内领先水平。"大规模个性化化妆品智能制造"项目于2016年6月成为国家级（工信部、财政部）首个化妆品智能工厂示范项目、首个化妆品私人定制示范基地。

公司近6年以来完成的中药汉方化妆品新产品800多种，完成的新技术开发项目近30项，大部分项目成果具备国际先进或国内领先水平，共申报发明专利48项（5项已授权），外观专利4项，发表科技论文20篇。

4. 实施"人才强企"战略，打造优秀研发团队

公司研发团队由40多位具有丰富经验的成员组成，其中博士1人、硕士6人，同时外聘专家12人，具有较强的研发能力。主要从事天然产物提取分离、化妆品配方研究、功效评价、分析检验等研究工作，有多年的研究经验，成员配备合理。为了保证企业的科技水平与新技术的应用始终处于国内行业的前沿，公司还特意聘请国内知名企业、研究机构和高等院校的博士、教授、高级工程师等行业权威人士组成专家咨询委员会，对工程技术中心的研究开发方向、重大研究开发项目技术方案及项目进展情况进行技术咨询和项目评估，确保项目的可行性。

公司始终认为创新是企业发展壮大的驱动力，无论是技术（业务）创新、管理创新，相关领域的带头人及核心研发人员是创新工作最重要的基础。公司对于技术（业务）带头人采取"内部培养+外部引进"相结合的方式，培养专才或综合人才。公司早期实施的"种子计划"，以内部培养为主，挑选有管理和研发潜质的员工由高管亲自担任指导人，让具有管理特长或研究能力的人员实现岗位的转换，并在管理工作过程中不断学习、实践、成长。

第三章　商业模式创新与中小企业"逆袭"

管理学大师德鲁克指出："当今世界企业间的竞争，不是产品之间的竞争，而是商业模式之间的竞争。"伴随着互联网、移动互联、物联网、大数据、人工智能、虚拟现实等新技术的不断发展，尤其是"互联网+"行动计划和《中国制造2025》战略的推进，制造业服务化、信息化趋势更加明显，商业模式创新将成为企业创新的主要方向。与此同时，供给侧结构性改革提出了"去产能、去库存、去杠杆、降成本、补短板"的任务，短期内在技术、产品和组织形式普遍难以实现较大创新的情况下，商业模式创新更是企业创新的一个重要突破口。

国内外已涌现出许多成功进行商业模式创新的企业。基于信息物理系统的智能装备、智能工厂等智能制造正在引领制造方式变革；网络众包、协同设计、大规模个性化定制、精准供应链管理、全生命周期管理、电子商务等正在重塑产业价值链体系；可穿戴智能产品、智能家电、智能汽车等智能终端产品不断拓展制造业新领域；大数据处理、物联网、自动控制将逐步改变人们的生产生活方式。可见，核心技术加商业模式创新已是未来经济发展的潮流。

广东拥有深厚的商业文化传统和历史底蕴，既有千年商都广州，又有改革开放窗口深圳，还毗邻港澳，广东企业和政府在商业模式创新方面大有可为。然而，从目前形势判断，广东并未在商业模式创新方面取得明显领先的地位。广东实施创新驱动战略，在大力推进技术创新、产品创新和组织创新的同时，可利用自身市场化程度高、消费需求大等优势，做到先人一步、引领潮流，打造我国商业模式创新高地，再现广东经济发展的强大驱动力。

一、商业模式创新与中小企业成长

（一）商业模式与商业模式创新

最早研究商业模式的国外学者 Timmers（1998）认为商业模式包括三个方面：一是对商业活动参与主体和他们所扮演角色的描述；二是对各种商业活动参与主体潜在利益的描述；三是对于收入来源的描述。Hamel（2000）认为商业模式应包括客户界面、核心战略、战略资源、价值网络四大要素。Thomas（2001）则认为商业模式包括流程、客户、供应商、渠道、资源和能力六大方面。Applegate 等（2001）认为商业模式是商业活动的结构、元素之间的关系以及商业活动响应现实世界的方式。Amit 等（2001）把商业模式看作一种利用商业机会创造价值的交易内容、结构和治理架构，其描述了公司、供应商、候补者和客户组成的网络运作方式。Chesbrough 和 Rosenbloom（2002）指出商业模式应该包括目标市场、核心价值、内部价值链结构、成本与利润、价值网络、竞争战略等。可见，在不同视野下的商业模式构成要素非常丰富。Morris，Schindehutte 和 Allen（2003）将商业模式定义为，为在特定市场建立竞争优势而对企业的战略方向、运营结构和经济逻辑等方面一系列具有内部关联性的变量进行的定位和整合。Osterwalder 等（2015）认为，商业模式是一种建立在许多构成要素及其关系上，用来说明特定企业商业逻辑的概念性工具。

至此，学术界对商业模式还没有形成一个统一的概念。不同学者从各自视角对商业模式进行阐释。但是，可以肯定的是，商业模式是一个综合性的概念，涉及企业的价值创造、资源组合、运作流程和战略决策等方方面面。商业模式定义在经历了经济、运营、战略层级之后，正在向整合概念递进（原磊，2007）。

基于商业模式定义的多样性，商业模式创新的内涵也具有多重性。王雪冬和董大海（2013）总结了国内外学者关于商业模式创新的定义，将其归纳为四个视角。

第一，技术创新视角。商业模式创新是一种不同于技术和产品等传统创新的全新创新，其源头在于新理念的提出，或者是对问题和游戏规则的重新定义和重构。

第二，战略视角。商业模式创新是一种企业层次的战略变革行为，在层次上远高于一般的产品创新、渠道变革、品牌塑造等业务层次上的变革行为。

第三，营销视角。商业模式创新是以市场为导向的，以顾客需求为起点，对顾客和顾客价值主张重新定义的创新。

第四，商业视角。商业模式创新是对商业模式构成要素进行变革，在顾客价值主张、运营模式、盈利模式、营销模式等多个环节实现突破的创新。

可见，商业模式创新是一种基于传统创新又超越传统创新的新形态。商业模式创新是企业最重要的创新形式之一，其本质是更好地满足消费者需求从而达到新的价值创造。因而，可以将商业模式创新定义为：企业为了应对内外环境的变化，围绕日益复杂和个性化的市场及客户需求，整合内外资源，改变创造价值的逻辑和方法，通过不断赋予现有的产品和服务新的内涵，或者创造全新的产品和服务，以提升企业盈利力和竞争力的行为。

具体而言，商业模式创新内涵包括两个方面：一是商业模式创新通过建立起一种新的生产函数，将企业各种资源重新进行组合，把各项生产要素和资源引向新用途和新方向，从而创造了熊彼特主张的新商业、新技术、新供应源和新的组织模式以获取企业经济租金，即"熊彼特租金"（Schumpeter Rent）。二是商业模式创新源于企业家在不确定性较高的复杂环境中承担风险的创新活动，要求企业家的创新精神有意识地通过"创造性破坏"过程，重构企业的资源和能力，并以此为企业带来持续的竞争优势。

（二）商业模式创新的类型与典型代表

学术界和企业界对商业模式创新有很多种分类方法，本文采用最常用的方法，从发现价值、创造价值、传递价值和获取价值的角度，将商业模式创新的类型归纳为平台型、专注型、跨界型和颠覆型。

1. 平台型商业模式创新

平台型商业模式创新是指企业通过搭建平台，连接两个或两个以上的特定或不特定的客户群体，为他们提供互动途径和公共服务，从而降低客户的信息成本和搜寻成本，满足平台客户的需求并从中盈利。平台型商业模式创新的逻辑为：首先，平台企业为两边或多边客户提供多种形式的服务，实现信息沟通和共享，帮助客户实现原本可能较难达成的交易，即价值发现和创造的过程；其次，平台企业还担负着为一方传递产品或服务给另一方的任务，即价值传递过程；最后，平台企业根据契约收取相应的平台使用费用，这一过程就是价值获取的过程。

UBER 是平台型商业模式创新的典型代表。UBER 作为全球即时用车软件，成立于 2009 年，总部位于美国加利福尼亚州旧金山市，其业务网络现已覆盖全球 68 个国家、444 个城市。UBER 旨在为大家带来更安全、更舒适的出行方式，并改善城市交通。UBER 最核心的技术是溢价算法和自动匹配算法。溢价算法，是 UBER 基于对市场这只无形的手的调节功能，其具体算法的基本逻辑是根据所在区域的用户需求和司机数量的比例来确定溢价系数。因为溢价的出现，可对乘客与司机之间的供求关系进行动态平衡。随着 UBER 用户和司机数量两端人数的迅速增加，UBER 依托于其强大的研发团队，根据大数据分析方法，对用户增长预测、当地堵车事件预测（例如，演唱会散场）等很多方面进行分析，构建了完备的溢价算法予以应对。自动匹配算法，是 UBER 的另一大利器。与其他软件不同，UBER 派单是不用抢的，而是由 UBER 直接指定给最近的司机，由此达到社会整体资源效率的最大化。因而，从表面上来看，UBER 是一个打车软件公司，但背后的核心还是其作为大数据平台的价值和共享经济的商业模式。共享经济的核心是提升现有商品的利用率，把闲置产能利用起来，就像 UBER 把汽车的"闲置产能"利用起来后，实现规模效应，提升了现有资源的使用效率。

2. 专注型商业模式创新

专注型商业模式创新是指企业根据自身条件，通过将经营活动向微笑曲线中的关键、高端环节转移，从而集中优势要素，实现规模经济，提升企业的核心竞争力和盈利能力。专注型商业模式创新的逻辑为：首先，企业通过专注于某个高价值领域，可以形成规模优势，减少不必要的成本，增加研发投入，提升企业的利润率，即价值发现和创造的过程；其次，通过集中做好某个细分领域，可以为客户提供更优质、更低价的商品或服务，客户从中受益，即价值传递过程；最后，由于企业在行业竞争中占据了更有利的地位，吸引到更多客户，企业获得了更多收入，即价值获取过程。

深圳华强北是专注型商业模式创新的典型代表。深圳华强北从"山寨"的代名词，到"中国电子一条街"；从简单的前店后厂组装加工模式，到自主品牌和行业标准建立的转变；从电子通信行业的规模扩张型单一盈利模式，到多元化的辐射型增值型商业模式的转变。深圳华强北的手机行业是深圳创新模式的一个重要代表。深圳华强北手机行业的创新并不是单个企业的创新，而是整个行业的商业模式创新。其商业模式的创新性有三点：

（1）以方案公司为核心，提出市场调研需求，确定手机开发标准。由方案公司的工作人员，在已经成型的方案中选取产品各部件。在部件可获取的基础上，联系加工企业，提出产品生产要求（含数量、残次品率和时间），通常在一个月内样品手机下线，经过1个月的调试和试用，完善方案，进入量产环节。

（2）产品生产环节以众包形式完成，手机方案提供方和手机原件提供方都是完全竞争状态，成本被极低压缩，质量标准较高，手机定制厂家将产品的方案及生产全部外包并且不受工会和行业协会胁迫，专注品牌和营销工作。

（3）方案企业在华强北和南山科技园高度集中，利于客户访问。原件销售店铺集中在华强北商业街，便于展示和验件，生产集中在光明和龙岗相对偏远位置，生产成本可控。华强北的创新表面上是模仿创新起家，实际上是集中优势要素实现规模经济的专注型商业模式创新。

3. 跨界型商业模式创新

跨界型商业模式创新是指企业依托自身原有的行业领域优势，从原来的行业跨入新的领域，实现企业多元化经营和转型升级，使企业优势资源得到更大化的利用，实现范围经济，也为企业带来更大的市场发展空间，实现企业的价值和利润。

跨界型商业模式创新的逻辑为：首先，企业进入新的领域，可以形成横向协同效应，扩展市场空间，提升企业的品牌价值，即价值发现和创造的过程；其次，通过拓宽企业的经营领域，可以为新领域中的客户提供原有领域固有的优势要素，使客户从中受益，即价值传递过程；最后，由于企业在竞争中占据了更多的市场空间，面向更多客户，使得企业获得了更多收入，即价值获取过程。

阿里巴巴是典型的跨界型商业模式。阿里巴巴构建了一个贯穿全产业链的电子商务生态，除了旗下的淘宝、天猫、聚划算等平台，商家、第三方服务商、物流合作伙伴等依托阿里巴巴旗下平台展开业务。其中，Alibaba、1688、速卖通、淘宝、天猫、聚划算六大平台是目前阿里电商生态系统中最核心的业务。围绕这些电商平台，阿里成功打造了完善的电商生态圈。比如，针对支付环节的支付宝和针对物流环节的菜鸟物流，向商家提供营销和金融服务的阿里妈妈和小微金融，面向消费者的淘宝本地生活、微博、地图、视频娱乐等业务。现在已经形成面向消费者、渠道商、制造商、电子商务服务提供商的市场体系。这种商业模式贯穿从消费者到生产厂商的上下游，从而达到全集团业务生态与管理系统融合的状态。阿里巴巴集团2014年在当地缴税109亿元，2015年缴税178亿元。更具有深远意义的是，阿里巴巴的商业模式创新也在塑造杭州这座城市的商业生态。阿里巴巴的示范效应让杭州成为创新创业者的"天堂"。

4. 颠覆型商业模式创新

颠覆型商业模式创新是基于新概念或新技术的应用，彻底或基本彻底改变传统产业的商业模式，激发客户产生新的需求，甚至改变原有产业的格局，导致产业生态系统的剧变。

颠覆型商业模式的逻辑为：首先，企业通过重构价值链和盈利模式，可以创造新的需求和市场，即价值发现和创造的过程；其次，通过提供全新的产品或服务，可以满足客户新的需求，即价值传递过程；最后，由于企业打开了新的市场空间，在早期竞争者较少甚至没有，企业可以获得巨大的收入，即价值获取过程。

苹果就是颠覆型商业模式最典型的案例。2012年8月21日，苹果公司以6235亿美元的市值，成为有史以来全球市值最高的公司（不考虑通胀因素）。在全球经济持续低迷的背景下，苹果仍然能独领风骚，可见其成功之处。苹果正是基于为客户实现价值主张的基础上，为企业带来巨额财富。一是苹果擅长打造令消费者一见倾心的产品，拥有强大的产品创新能力。苹果的系列产品 iMac、iPod、iPhone、iPad，凭借美观简洁的外观、卓越的图形化使用体验和友好的人机交互模式，准确地捕捉和把握了消费者需求，赢得了全球万千用户的青睐。二是苹果不断整合全球资源，构建独特的全球价值链。苹果在全球范围内寻找最具生产成本优势的工厂进行代工，构建供应链联盟，以获得最低成本和最高效率。而苹果自身则集中在研发和营销环节，占据微笑曲线的高处。三是苹果开创了"产品＋服务（包括内容）"的全新商业模式，形成了一种新的商业生态系统。例如，通过"iPod＋iTunes"模式的创新，苹果聚合了包括世界五大唱片公司在内的上下游资源要素，把欣赏音乐的整个流程整合起来，创造了一个全新的音乐消费产业链。更重要的是，苹果公司利用其关键技术、产品和服务平台巧妙有效地控制了这些商业生态系统，打造了新的生态系统。iPod＋iTunes、iPhone＋App Store、iPad改变了传统音乐、手机、个人电脑、出版、软件设计和服务等行业，不仅让苹果迅速超越了行业原来的领导者，也深刻影响了人们的生活、消费、娱乐方式。

（三）中小企业进行商业模式创新的内在机理

中小企业为何要进行商业模式创新？从实践的角度看，商业模式创新是中小企业与大企业竞争的必然选择，是实现"以小博大"的现实路径。面对大企业财大气粗的围剿，中小企业不可能去拼规模、技术、人才和市场，所以只能另辟蹊径。迈克尔·波特提出企业三大发展战略，差异化是其中之一。商业模式创新就是中小企业实现差异化战略的重要途径之一，是中小企业在大型企业夹缝中求生存，实现"逆袭"的现实选择。通过商业模式创新，中小企业可以最大限度地发挥自身优势，避开大企业的锋芒，实现后发追赶和弯道超车。从理论上讲，中小企业商业模式创新的内在机理可以描述为外在驱动和内在驱动。外在驱动因素包括技术变革、经济环境变化和政府简政放权,内在驱动因素主要是企业家精神。见图3-1。

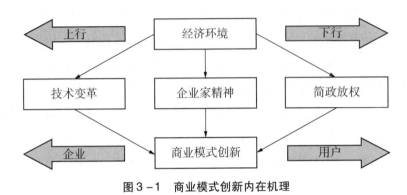

图3-1 商业模式创新内在机理

1. 技术变革

技术创新的成果转化往往需要企业商业模式创新作为支撑。新技术要转化为适应市场的产品和服务,需要寻找合适的商业模式进行市场推广。因此,新技术的市场化是商业模式创新的驱动力之一。当前,以大数据、云计算、物联网、移动互联和移动通信技术为代表的信息技术让信息流、资金流、物流更快速地流动,使消费者个性化的需求更容易被满足,同时也改变了企业间的合作与交换模式,这些都促使全新的商业模式不断涌现。此外,也要看到,第三次技术革命带来的生物、新材料、新能源等技术,也是驱动商业模式创新的重要技术力量。

2. 经济环境变化

为适应不断变化的经济环境,企业必须不断进行商业模式创新。如果企业能够顺应变化及时调整商业模式,将有利于增强企业竞争力,促进企业发展。市场需求与竞争都将促使企业加强商业模式创新。比如,受当前外需疲软、劳动力成本上升、资源环境约束加剧等因素制约,广东中小企业转型升级必须加快,也更需要新的商业模式作为支撑。

3. 简政放权

政府为了促进产业结构调整和转型升级,一方面,在行业规范、资源环境等方面提出了更高的政策要求,倒逼企业通过商业模式创新,提高盈利能力，以适应新的发展要求；另一方面，出台相关扶持优惠措施，促进营商环境的改善提升，推动企业加快商业模式创新，提升企业竞争力，有利于企业寻找更大的发展空间。

4. 企业家精神

企业商业模式创新往往源于企业家的创新精神。一个地区如果集聚了较多富有商业模式创新意识的企业管理者，将形成商业模式创新的良好氛围，提高该区域商业模式创新的整体水平，从而有效培育区域竞争优势。因此，富有创新精神的企业管理者是商业模式创新的内在驱动力，能有效促进企业实现价值创造。

综上，中小企业商业模式创新的内在机制就是，技术变革为商业模式创新提供了巨大的空间，市场需求变化为商业模式创新提供了必要的动力，政府适时推动，企业家为创造更多价值而寻找更高效的模式，因而激发了商业模式创新。

二、商业模式创新的重要性和需要注意的问题

创新型中小企业是经济发展最具活力的生力军，是推动产业进步的主要力量。一方面，中小企业在技术创新的过程中受到资源、能力、环境等众多条件的约束；另一方面，中小企业在技术创新上具有数量多、效率高、周期短、成本低等优势。同时，中小企业拥有强烈的创新意识和企业家导向，从而成为主要的创新力量。因此，中小企业迫切需要在外部资源和环境的约束下，充分发挥自身的创新动能，设计一个最适合自身发展的商业模式，从而找准盈利点，在产业中发现和找出独特的市场位置，与供应商、分销商等各方面合作伙伴建立不同层面的有机联系，形成节点密集、联系频繁、组合运作方式合理的价值网络，形成立体的、多维度的创新，达到为客户创造价值、为自己创造利润的目标。然而，不同的商业模式意味着不同的企业组织方式和资源投入方式，从而影响资本支出模式、定价模式、盈利模式，以及最重要的——什么样的消费者和竞争者将是公司需要面对的。因此，设计一个运作良好的商业模式显得尤为重要，甚至在某种意义上超过技术创新的重要性。

（一）商业模式创新的重要性

1. 商业模式创新是中小企业整合资源、提升自身竞争力的重要途径

商业模式创新从企业全局出发，通过研究企业各个要素之间的有效整合，提升企业价值，创造效率和竞争力。它从一开始就是站在有效整合企业全部资源、提升所有运作环节和运作流程效率、更加有效地创造价值这一全局性的出发点，通盘考虑企业内部与外部的有效沟通和交换问题。中小企业的资产增值能力和速度往往不能满足企业扩张对快速投入增量资产的要求，这阻碍了中小企业发展，而且中小企业常遭遇市场的不公平待遇，与大型企业相比不具备竞争优势。目前，我国中小企业在政府采购、行业准入等方面受到明显歧视。包括国有大企业和一些外资的垄断性企业不断强化自身的垄断地位，对中小企业形成了强烈的挤出效应。因此，为了避其锋芒，中小企业应该充分凭借自身规模小、组织结构简单紧凑、管理层级少、能和市场保持直接而紧密的接触、具有较灵活的运作空间等优势，根据客户的需求设计一个有效运作的商业模式，从而能够整合有限的资源实现最大的效用，为客户创造和传递价值，进而提高竞争力实现崛起和蜕变。

2. 商业模式创新为中小企业适应环境变化、参与市场竞争提供"护城河"

商业模式是从整体、动态视角评判企业发展潜力。判断商业模式是否最佳的标准主要看企业是否有韧性，是否有能力继续生存。从世界经济看，全球化的经济浪潮汹涌，世界经济的全球化趋势日趋明显，国际经济环境日益复杂和充满不确定性，世界500强企业跨国并购潮席卷而来，其技术、管理和垄断优势，对中国企业产生冲击影响。从中国政治和经济环境看，一方面，党的十八届三中全会提出了未来十年全面深化改革的顶层设计和总体规划，特别是国有企业将实质性地引进民资和外资参与企业改制重组，大力发展混合所有制经济，工业化与信息化的深度融合，工业化、信息化、城镇化、农业现代化"四化"并举，同步发展，促使企业特别是老的国有企业需要不断调整并改变传统的商业模式以适应新的环境变化，从而抓住新的发展商机进一步做大做强；另一方面，过去三十年低成本优势已不再明显。近年来，中国劳动力成本不断增长，进而产生劳动密集型企业的"用工荒"现象，企业未来的发展已无法仅仅依靠"人口红利"，而且随着土地成本、材料及能耗成本不断上涨，传统的低成本商业模式必须进行调整。在经济全球化时代，中小企业面对的是巨大的低端、没有饱和而又不断发生变化的市场，短期内技术水平不会发生重大变化，而市场需求却在不断变化。从某种程度上来说，商业模式创新对转型升级期的中小企业比技术创新更重要。因此，中小企业应该根据环境的变化进行商业模式变革。创新并设计出好的商业模式，是中小企业参与全球化市场竞争必须具备的关键能力，是中小企业生存的"护城河"。

3. 商业模式创新是企业内部发展不同阶段的必然要求

企业的发展要经历一个从"起始期""成长期"到"成熟期""衰退期"四个阶段的生命周期，其发展轨迹被称为"第一曲线"。企业在不同的成长阶段，创新重点不同。客户价值创新是初创期、成长期中小企业商业模式变革的重点。成本结构和利润保护模式创新是成熟期中小企业商业模式创新的主要方向。在传统的商业模式下，对于已经经过"成长期"，正步入"成熟期"的中小企业而言，若在发展的过程中出现了业绩下滑、毛利率下降、成长缓慢等现象，或业务呈低质化趋势、企业被边缘化趋势，行业进入的门槛设置将越来越低，众多初创型中小企业蜂拥而至，并凭借灵活度和低价格战，冲击企业原有的核心优势。此时，只有倒逼企业创新商业模式，提升企业核心价值，突破发展瓶颈，才能开辟出一条新的成长道路，来拓宽未来的成长空间。

（二）设计好的商业模式需要注意的问题

1. 从商业活动系统的角度出发识别自身具有独特价值的活动

商业模式是关于企业如何开展业务、如何为利益相关者传递价值以及如何连接要素和产品市场的一整套指导方式，设计商业模式的关键在于理解企业的商业活动系统（activity system）。商业模式中的商业活动可以看成组织与企业紧密关联的终端消费者和渠道商的一切资源来完成总体目标——使利益相关者的总体价值最大化。因此，商业活动系统就是以企业为中心的一系列相互依赖的组织活动，商业活动系统的边界可以超出企业的边界以达到有效地串联企业内部的活动和外部供应商、合作伙伴和消费者的活动。商业活动系统的设计描述了企业如何经营业务，因此决定了商业活动的本质。商业模式设计的问题由此可归因于商业活动系统的设计，而商业活动系统构成要素包括系统内容（选择何种活动）、系统结构（活动之间是如何连接的）和系统组织（由谁来实施这些活动）。不同构成要素之间是高度相互依赖并形成一个有机的整体。不同的系统可以通过宗旨来区分，系统的宗旨详细描述了价值创造的核心驱动力。系统的宗旨可以分成四类：创新（novelty）、锁定（lock-in）、互补（complementarities）和高效（efficiency）。以创新为宗旨的系统核心在于采用新的系统构成要素。苹果公司就是一个最典型的例子，苹果过去几十年一直专注于生产创新型的硬件产品，如个人电脑，通过开发 iPod 以及与之相关的音乐下载业务 iTunes，苹果成为第一个包括音乐分销的电子产品制造商（内容创新），并将音乐和它生产的硬件和软件有机结合（结构创新），引导消费者进行合法的音乐下载活动（组织创新）。以锁定为宗旨的系统则努力通过系统的正外部性吸引第三方参与者嵌入整个系统当中，使他们的转化成本提高，典型的例子如 Facebook，消费者通过享受基于友情的网络正外部性的同时，还会花费大量的时间和精力来个性化自己的主页，这些投资使得消费者的转化成本提高。以互补为宗旨的系统则将相关的活动组合在一起，使得组合的价值创造比单个价值创造之和更大。商业银行的经营模式就是将互补性的存款活动和贷款活动组合在一起。在生物医药行业，生物技术企业将研发的新药交由合作制药企业进行分销。互补性的活动使得合作企业之间产生专业化分工形成协同效应，从而产生 $1+1>2$ 的效益。以高效为宗旨的系统则力图降低交易费用以达到更高的效率，垂直整合就是一种高效的系统，通过垂直整合降低上下游活动的交易成本。

将商业模式的设计问题转化为商业活动系统的构建能够使企业家在确定应该设计何种商业的时候自然将注意力集中在商业活动上，因为商业活动作为商业模式的构成单元，能够更好地被识别。同时，基于商业活动系统的视角使得企业在设计自己的商业模式时能够注重从整个系统进行全局考虑，而不是将注意力集中在一些具体分散的细节构建上。通过对商业活动系统进行全局性的考虑，企业能够识别出在技术上或战略上独特的商业活动，从而构建自己的竞争优势，在整个系统生态圈中找到自己的定位，从而能够为利益相关者创造最大的价值。

2. 围绕具有独特价值的活动进行持续的技术创新以构建核心竞争力

在识别出自身具有独特价值活动后，企业应该将资源集中在围绕这个活动进行技术投入以构建核心竞争力，从而使得商业模式模仿的成本变高。由于中小企业的资源有限，在企业成长的初期，应该注重"内涵式发展"，将资源集中在技术创新上，避免盲目追求企业规模的扩张，造成资源投放和配置过分多元和散乱，无法形成核心能力。将资源集中投入在开展具有自身独特价值的活动上，意味着企业应该注重细分市场开发，从而实现专业化和差异化运营，通过对客户需求差异予以定位，根据客户需求、动机和购买行为的多元性和差异性来划分市场，在某个细分市场中提供专业的产品和服务，从而在细分市场上为客户创造价值，最终使自己的商业模式具有可持续性。中小企业更灵活的组织形式也意味着其专注于细分市场的方面具有比较优势，因为在细分市场上，企业能够更明确地抉择目标市场和制定市场营销策略，一旦需求发生变化，中小企业可以迅速改变策略，以其灵活的应变能力达到迎合市场需求的效果。根据 Teece 的理论框架，在市场上第一个通过技术创新将新产品商业化的公司并不一定能够比后来的模仿者获得更大的利润。因此，仅仅通过技术创新构建自己的核心竞争力还不够，企业还需要搭建一个以互补为宗旨的商业活动系统，只有拥有了互补性的资产，尤其是极度专业化的互补性资产，第一个进入市场的创新者才能获得比模仿者更大的利润。如果模仿者能够更好地定位于关键互补性资产，通常能够比创新者获得更大的成功。因此，以促进创新活动的公共政策不应该仅仅注重于研发过程的支持，更应该关注互补性资产的配套。企业在进行技术创新的同时，也要构建一个互补性的商业活动系统，从而实现从技术创新中获利。

3. 设计商业模式还应结合外部环境

如何从商业活动系统全局性的角度来设计商业模式？其关键在于将商业模式的设计聚焦于系统内部，即如何与利益相关者建立一个相互联系的商业网络。Osterwalder 提出的商业模式画布模型也是从系统内部的角度来考虑商业模式的设计。如今中小企业面临越来越复杂的宏观环境变化,全球竞争加剧,企业的商业模式与外部的商业环境之间必须保持一个动态平衡的关系,这也要求对商业模式的重新评估和调整以保持原来的竞争力。事实上,现存企业的商业模式往往因为竞争者的创新而被迫进行改变。企业在设计自己的商业模式时应充分考虑宏观和微观因素。微观因素方面,来自竞争者进入市场对现存企业造成的冲击是一个主要的商业模式改变因素,而且,消费者需求的变动也会影响现阶段的商业模式,需要根据消费者的不同偏好设计不同的商业模式。宏观因素方面,技术变革是商业模式变化的主要驱动力,因为技术在不断地被运用到商业活动的各个层面。比如,互联网的出现就使一些传统的商业模式受到很大的冲击。最后,社会和立法层面的变动也会对商业模式造成很大的影响。

三、广东中小企业商业模式创新的实践与主要问题

纵观国际上商业模式创新风起云涌,广东作为改革开放的前沿阵地及市场经济的先行者,依托强大的制造业集聚和强劲的国内外市场需求,不仅在技术创新方面取得飞跃发展,更在商业模式创新方面进行了积极探索和实践。然而,随着国内外市场竞争的加剧,以及互联网思维与技术平台对传统行业的渗透与改造,广东已有的商业模式遭遇了较大挑战,面临着严峻的问题。

(一) 广东中小企业商业模式创新的实践

广东是全球制造业基地,市场经济比较发达,拥有较好的制造业发展硬件和软件,因而广东中小企业商业模式创新的最大特色便是与制造业紧密结合。具体表现为以下三个方面:

1. 互联网+传统制造业

传统制造业借助互联网渠道进行从研发设计到生产到销售的产业链的互联网接入,从而优化传统的商业模式。广东作为制造强省,在全球大宗

消费品需求疲软、区域和业内竞争越演越烈的背景下,基于"互联网+"的商业模式创新为多个制造行业带来了一定的借鉴意义。广东地区很多原属劳动密集型的企业,通过植入互联网思维,从 B2B 转型为 B2C,从单一盈利模式到整合生态链创造多元化盈利模式。

典型案例如广州茵曼服装的 O2O 模式和服装生态平台的构建。茵曼一方面积极构建线上多渠道,加入天猫、京东、唯品会等主要电商平台,并自建茵曼官方商城;另一方面推动以粉丝经营为主的"茵曼+千城万店"计划。另外,茵曼打造一个开放性服装生态平台,一方面通过多品牌的经营实现年销售额破百亿元的目标,另一方面帮助中国的原创设计师实现梦想。公司一方面采用并购的方式开展品牌拓展,将初语等淘品牌并入汇美集团;另一方面与原创设计师合作,自创子品牌。截至目前,汇美旗下已经拥有 14 个原创品牌,其中 9 个品牌都是与外部设计师合伙创立的。2015 年,茵曼服饰创造了 1.66 亿元的单日成交额,连续 3 年"双十一"单日成交额破亿元,续写了互联网原创自主品牌的成长传奇。

2. 制造业与服务业融合

传统制造业盈利较低,但当制造业整合生产和附加值较高的服务环节后,则能成功实现转型升级。广东的很多制造企业从原来的单一制造模式逐渐转型为产销结合,逐渐形成生产外包+自建销售渠道的新模式,价值链环节得到攀升。

典型案例如索菲亚家具的"家具生产+定制化服务"。对传统成品家居企业而言,以产定销模式的竞争力日益下降。索菲亚从以产品为主的传统单一模式转变为"生产+服务"的复合模式,即商业模式的核心不是"为客户提供产品",而是"为客户解决问题",以此获得更高的增值空间和竞争优势。为了实现大规模定制,索菲亚形成了"制造+服务"模式,制造从部分定制到全面定制,服务从单渠道服务到全渠道服务。

3. 制造业跨界融合

跨界拓展是近年来广东制造业转型升级的重要趋势。跨界拓展除了可以激活原有业务的发展动力之外,还能与其他行业通过"联姻"而产生更多令消费者惊喜和满意的产品和服务。广东制造业跨界拓展与融合的案例不少,如广州的酷漫居就是成功地从家具嫁接为"家具+动漫"创新模式,并实现与儿童玩具、早教机构等的异业合作,通过共享客户和跨界营销,实现多方共赢的赢利模式。

广州酷漫居动漫科技有限公司成立于2008年,是中国互联网动漫家居细分市场的首创者。先后获得迪士尼、Hello Kitty、海绵宝宝、喜羊羊、阿狸等全球及国内顶级动漫品牌在中国儿童家具业的独家授权,跨界融合儿童产业、动漫产业、家居产业和互联网产业,是用动漫创意文化整合提升传统制造业的领军企业。酷漫居首创"动漫+家居"模式,将文化创意产业和传统制造业深度结合,实现了制造业的深度整合。2013年,酷漫居荣获中国最佳商业模式奖,2014年获中国最佳创新公司五十强奖。

(二) 广东中小企业商业模式创新的主要问题

尽管广东中小企业在商业模式创新方面不断探索和实践,但是以土地、劳动力、简单分工和规模化生产为特征的传统商业模式仍占主导地位,这导致广东商业模式创新仍面临着问题。主要表现为:一是创新能力不足(以成本为核心的"比较优势"逐渐消失);二是创新意识不强(以特惠政策为保障的"制度红利"容易被复制);三是创新体系不健全(传统的科技创新支持体系不能适应商业模式创新)。

1. 创新能力不足

创新环境是高端要素的集合体,体现为制度化的融合机制与联动机制。当前广东商业模式的创新环境仍然存在如下问题:创新环境是高端要素的集合体,体现为制度化的融合机制与联动机制。当前广东商业模式的创新环境仍然存在如下问题:

(1) 原始技术创新的源头不在广东。企业技术创新的整体能力不强,进而导致商业模式创新的基础和动力不足。

(2) 法治化的营商环境依然比较落后。广东外向型经济是特色,但是与西方发达国家市场经济法制环境相比,仍然落后,特别是针对知识产权、外商商事纠纷、国外投资者利益保护等现实问题的法律体系比较薄弱。

(3) 针对内需市场的综合性大型电子商务平台缺乏。广东同时是制造和消费大省，但缺乏像阿里巴巴、京东商城这样的全国性电商平台，也丧失了围绕该平台开展配套服务的商业模式创新载体。

（4）人才引进方面无明显优势。新时期的商业模式创新与竞争，其本质是背后的综合性、复合型人才的竞争，过去"孔雀南飞"的盛况，现在并不明显。

（5）政府部门管制依然较多。商业模式创新往往遭遇碎片化的政策障碍，增加了创新要素跨区域、跨行业流动的成本和壁垒。

（6）缺乏商业模式创新的知识传播和交流平台。广东商业模式创新对国外先进地区的经验总结和推广不够，缺乏模式创新的交流和宣传平台，特别是"集体学习，人人创新"的文化氛围远未形成。

2. 创新意识不强

经济新常态需要寻找新的增长动力和培育新型产业生态，这些都要求广大的企业家具备强烈的商业模式创新意识和敏锐的危机意识。广东企业家商业模式创新的意识并不强烈，主要表现在以下三个方面：

（1）创新思维相对线性。长期领先的传统商业模式固化了创新思维，减弱了企业家在面对新型产业生态时的危机意识。

（2）创新能力不足。长期累积的生产和服务模式，专注于成本和质量控制，对于商业模式转型的积极性表现出相对的滞后，归其原因或者是知识储备不足，或者是转型成本过高，使得广大企业家并不能及时转变经营思路开展商业模式的创新。

（3）对创新知识的学习不够。广东经济发展大多数时期是以劳动力和资本的投入为主，涉及原始技术创新和商业模式创新的情形并不普遍，导致广东企业家对于先进生产模式和商业组织模式的认识不够、理解不深，特别是对于互联网时代的云计算、大数据、网络化和开放式的商业模式创新能力不足。

3. 创新体系不健全

创新意味着投入增加，更意味着风险的集聚。广东针对商业模式创新的金融服务体系不健全的主要表现为：

（1）"定制式"的金融产品开发滞后。商业模式的创新涉及价值发现、价值创造、价值转移与价值获取四个方面。围绕价值发现过程开展融资服务，鼓励跨界创新和引入风险分担的金融保障机制；围绕价值创造过程开展成本管理、资金链盘活和资产证券化服务；围绕价值转移过程开展支付方式和结算方式创新；围绕价值获取过程开展应收、应付票据类的衍生金融产品创新等。上述定制式金融服务体系的完善，对于广东商业模式的创新意义重大。

（2）专门针对商业模式创新的政府性引导基金缺乏。商业模式创新在不同的成长阶段，对于金融产品和服务的需求是有差异的。引导基金采用"种子+杠杆"的模式扩大社会金融资源参与商业模式创新的各个环节和阶段，一方面，有利于提高社会存量资本的使用效率；另一方面，通过市场化的运作机制和专业性的股权管理，实现资本的最大化收益和商业模式创新的顺利进行。

（3）针对商业模式创新的金融服务宣传不够。从产业发展的角度来看，商业模式创新作为一种新型的产业组织模式，其初创、成长和成熟过程中涉及不同类型的金融需求，广大的银行、证券和保险类金融机构应该针对新型商业模式开发金融产品，并且做好宣传服务工作，在广东全省范围内形成金融扶持产业升级的良好生态。

（4）金融机构没有形成基于商业模式创新背后的价值链开展产品创新。将金融服务嵌入商业模式创新中，是商业银行进入企业价值链的方式，从而进一步使得银行成为企业商业模式的一部分。与此同时，商业银行应该以其服务和产品全面融入企业的营销系统、管理系统、生产系统、服务系统，融入核心企业对于供应链的管理与整合，融入核心企业跨行业、产业、业态的整合等。

四、发挥广东特色优势推动商业模式创新的现实路径

党的十八大报告明确指出，要"加强技术集成和商业模式创新"。商业模式创新是国家创新驱动战略的重要组成部分。因此，广东在一只手抓技术创新的同时，另外一只手要紧抓商业模式创新。广东应紧紧把握商业模式创新的趋势，借鉴国内外商业模式创新的经验，超越传统的线性思维

模式，以系统性、整体性、开放性思维模式来全面推进商业模式创新。要坚持"政府搭台，企业唱戏，市场化运作"的工作方式，从培育环境、搭建平台等方面入手，构建商业模式创新生态系统，推动广东商业模式创新。从"有为政府"的角度思考，具体对策建议如下：

1. 提升商业模式创新的战略高度

当前，我国经济发展已经进入新常态，广东产业转型升级的压力巨大，传统经济模式难以为继，移动互联网、大数据、云计算、人工智能等新兴产业迅速发展，均要求商业模式创新跟上产业发展，培育新的经济增长点。2016年5月，国务院印发《国家创新驱动发展战略纲要》，纲要中明确指出，商业模式创新是创新驱动的重要组成部分。因而，建议将商业模式创新上升为广东发展战略，在省经济和信息化委员会下设"商业模式创新领导小组"，全面领导和统筹推进广东的商业模式创新发展战略。

2. 搭建支持商业模式创新的各类平台

中关村创新驱动成功的根本原因是采取了"政府搭台，企业唱戏，市场化运作"的工作方式，这种模式可被称为政府搭台型商业模式创新。借鉴中关村经验，建议选择几家有实力的广东国有企业，建设各类服务平台，孵化商业模式创新。一是建设商业模式创新孵化器，参考技术创新孵化器的做法，在全省高新技术区内建立商业模式创新孵化器，制定优惠政策吸引各类创新创业公司入驻。二是搭建商业模式创新公共服务平台，借鉴共性技术研发中心、在线供应链平台的做法，建立商业模式创新促进中心，推介最新的商业模式，激发商业模式创新。三是鼓励金融机构支持商业模式创新，以"金融+商业模式创新"的方式，支持广东地区企业商业模式创新。包括设立政府引导基金，设立商业模式创新融资担保准备金，鼓励各类主体的商业模式创新投资基金和风险投资基金，支持金融机构围绕商业模式创新设计金融产品。

3. 打造商业模式创新的生态系统

根据竞合博弈理论，商业模式创新离不开创新生态系统的建设与完善，需要企业、科研院所、中介机构等各种参与主体协同发展。一是大力推动企业集聚。依托广东自由贸易试验区和国家自主创新示范区，挖掘"双自联动"的政策优势，发挥重量级龙头企业（如阿里、复星等）

入粤的示范效应，利用专业镇产业发展联盟、先进制造业创新基地、现代服务业集聚区等平台，吸引战略性新兴产业、高端制造业、生产性服务企业入粤，充分发挥这些企业在商业模式创新的优势。二是充分发挥科研院校的引领作用。除了支持中山大学、华南理工大学、中科院等科研院所加强原创性基础性研究外，支持"中大国际创新谷"的建设，鼓励在中大国际创新谷通过商业模式创新，推动科研院所的科技成果产业化、市场化。三要大力培育中介机构和行业组织。推动成立广东商业模式创新协会，鼓励设立各级商业模式创新促进会，大力推动管理咨询、会计审计、法律、科技等第三方中介服务机构聚集广东，形成良好的商业模式创新氛围。

4. 营造有利于商业模式创新的营商环境

加大力度建设法治化、市场化、国际化的营商环境，营造培育新型商业模式成长的优质土壤。一是完善法治环境，为企业创新保驾护航。二是打造一个互联共享的信用数据交换平台，建设立体化、公开的信用体系，降低交易成本，促进企业商业模式创新。三是简政放权，放松行业管制，为商业模式创新留出空间。减少前置审查，减少微观事务管理，倡导合作共享、网络化经营，为企业创新留出空间，允许企业"试错"。四是优化激励机制，制定"营改增"的配套政策，吸引国内外高端企业和人才来广东创新创业，形成人才集聚高地。五是创新财政税收支持模式。将商业模式创新纳入高新技术企业认定范围，在税收、土地、资金、人才、融资等方面给予优惠和扶持。

5. 实现商业模式创新的区域联动和协同

以粤港澳大湾区建设为契机，发挥港澳国际金融中心和自由港优势，促进商业模式创新，服务广东本地企业优化升级。一是依托自贸试验区探索粤港澳合作机制。在 CEPA 框架下扩大教育、医疗、文化、旅游等领域的合作，建设粤港澳紧密合作区，大胆进行商业模式创新与试验。二是深化泛珠三角合作，发挥各省区的优势互补，推进商业模式创新合作，实现产业转型升级。广东企业在"微笑曲线"的产品设计和营销服务端已经具备了相对优势，而广西、贵州等地产能仍然比较落后，人力成本具有"相对优势"，因而政府应该鼓励广东企业实行"两头在内，中间在外"的模式,将产能转移到西南腹地。政府可以联合企业设立产业投资基金、并购基金,以金融的方式支持企业产能向腹地转移,实现地区资源流动和合理配置,引领泛珠三角地区商业模式创新。

五、广东中小企业商业模式创新与发展壮大的典型案例

案例之一:华大基因——长尾式商业模式

(一)华大基因的商业画像

1. 公司介绍

深圳华大基因股份有限公司由一家专门从事生命科学技术创新的研究机构转型发展起来,强大的研发能力一直是企业的核心竞争力。其研究涉及医学、农业、畜牧等分子遗传领域,通过基因检测等手段,为医疗机构、科研机构、企事业单位和个人消费者等提供基因组学类的诊断和研究服务。华大基因遵循"基因科技造福人类"的愿景,以推动生命科学研究进展和提高全球医疗健康水平为使命,基于基因领域研究成果及生物技术在民生健康方面的应用,进行科研和产业布局,致力于加速科学创新,减少出生缺陷,加强肿瘤防控,抑制重大疾病对人类的危害,实现精准治疗,助力精准医学。

2. 发展历程

华大基因的发展历程自 1990—2013 年分为三个阶段,每一个阶段约为八年。

公司的第一个八年(1990—1998 年)定位与国家科技发展定位相同,为"跟随和跟踪"。随着 1990 年"人类基因组计划"启动,全世界科学形成竞争态势。华大基因的首个八年,集中于生物技术科研领域,积极参与人类基因组计划,在科学研究上尚处于跟随和跟踪阶段,但为未来的阶段奠定了基础。

公司的第二个八年（1998—2006年）实现了"参与与接轨"。1999年9月9日，北京华大基因研究中心成立，承担人类基因组计划的中国任务。2003年，华大基因第一时间破译SARS病毒基因组序列，为抗击非典做出巨大贡献。公司建立北京基因组研究所。其生物技术与信息技术相结合的规模化产出模式初步成型，具备了规模化产出基础。

公司的第三个八年（2006—2013年）主题为"同步和超越"。在这个阶段，基因组新技术发生巨大变革，科学发现在走向大科学后，开始了与大数据结合向大产业转化的过程。华大基因抓住机遇，致力于建立100%中国人的基因组，提出"千人基因组计划"和"人类肠道基因组计划"，实现了从人类基因组计划参与者到引领者角色的转变，实现了BT+IT、大科学与大数据的深度结合。

在2014年开始的第四个八年中，华大基因将"跨越和引领"作为发展目标。面对基因技术通量越来越大、准确度越来越高和将实现产业化的形势，华大基因斥巨资收购美国上市公司、三大高通量测序仪制造商之一——完整基因组公司（Complete Genomics，CG），对中国基因产业引领世界具有重大意义。公司的发展战略从科技服务转变为医学服务。

3. 行业竞争分析

华大基因在欧洲、美洲、亚太等地区设有海外中心和核心实验室，已形成全球网络布局。目前，公司遍及全球100多个国家和地区，在国内31个省、自治区、直辖市设有2000多家科研机构和2300多家医疗机构。

作为生物界基因测序和精准医疗的龙头企业，华大基因具有明显的先发优势，其领先的技术优势、巨大的规模效应和品牌效应为公司发展提供了巨大助力。

华大基因位列全球创新公司50强，被称为基因界的"黄埔军校""全球最大的基因组学研发机构""生物医学产业的独角兽""生物界的谷歌""全球第一大基因组测序与分析中心"等。

（二）华大基因的长尾式商业模式分析

1. 长尾式商业模式的定义与内涵

长尾式商业模式源于长尾理论。长尾理论认为，由于成本和效率等因素，在流通渠道畅通、成本急剧下降等条件满足时，原先需求很低的产品均可以销售出去。长尾理论是对于传统二八法则的颠覆。二八法则认为，20%的核心客户或产品创造80%的利润，是商家关注的重点和目标市场所在。其强调企业应当重视重点产品的经营和重点客户的开发与维护。但随着互联网技术的发展和普及，开发客户的成本大幅下降及市场需求改变等客观条件使得企业的战略环境发生了改变，原先应用传统商业模式的企业因此转而应用长尾式商业模式，以抢占未来发展先机。

在长尾式商业模式中，企业少量多种地销售自己的产品，其中每一种商品的卖出量相对较少。这些需求和销量不高的小众产品汇总起来所占据的市场份额和销售收入，可以相比于甚至超过少数主流产品。在长尾效应下，客户才是最重要的资源，更多的客户意味着更多的利润。

长尾式商业模式有以下实现条件：

第一，生产工具大众化带来的技术成本降低。

第二，分销渠道大众化和强大的平台。电子商务使得产品或服务拥有极低的沟通成本和交易费用。

第三，联结供需双方的搜索成本不断下降。该条件降低了搜寻到对小众产品感兴趣的消费者群体的难度。

第四，市场对于小众产品具有多样化的客户需求。

华大基因依托互联网，实施"线上+线下"的运营模式，有效地推动了长尾商业模式的实现。一是通过互联网加强了与消费者的沟通，第一时间了解消费者的需求，从而加强互相营销；二是针对需求曲线的尾端对消费者需求进行个性化定制。例如，华大基因依托全民健康服务平台，通过用户的浏览模式和采购模式来引导个体消费者，从而把过去的大众化市场转变成一个大众化定制市场。

下面，我们将通过华大基因的业务模式、盈利模式和运营模式三个方面阐述华大基因是如何打造其长尾式商业模式的。

2. 华大基因的业务模式

华大基因应用长尾式的商业模式，作为我国基因检测的龙头企业，公司在已有业务的基础上，致力于进一步追求服务类型的多样化和服务对象的丰富化，积极开拓小众服务，培育新的增长点，具有很大的发展潜力。华大基因的业务模式分为产品价值模式、市场模式和战略模式三个方面，联通了华大基因的战略价值创造。

产品价值即企业通过其产品和服务所能向消费者提供的价值。其中，提供给消费者的产品和服务的内容，是商业模式的关键，产品或服务价值体现了企业对消费者的价值最大化。在长尾式商业模式中，企业往往通过提供专业性的或者用户创造的产品或服务来达成这一目的。华大基因通过其专业性的基因检测技术提供多种服务，其前沿服务"精准医疗"体现了个性化服务的宗旨。

市场模式即企业对于产品或服务的消费者进行定位与细分的过程。在长尾式商业模式中，华大基因的市场模式体现为两个方面。

第一，华大基因通过服务于不同领域的客户群体，聚焦于细分的小众客户。

第二，华大基因通过拓展衍生出的针对特定群体消费者的服务，体现了"解决客户问题，满足客户需求"的价值主张。

战略模式即企业对于如何将有限资源投入到未来核心竞争力的规划过程。目前，基因测序行业呈现技术持续进步、成本下降、行业发展迅猛、行业竞争日趋激烈、政策持续利好、产业发展空间巨大等战略大环境。基于此，华大基因选择了长尾式的商业模式，力争行业龙头位置。

第一，技术进步导致的成本下降为长尾式商业模式的应用提供了必要条件。

第二，为化解巨大的行业竞争带来的影响，占据行业龙头的位置，呼应国家政策的号召，抓住新时代的发展机遇，华大基因不断突破原有传统模式，追求服务类型和服务对象的多样性，提供少量多样的服务。

第三，华大基因将产前检测和精准医疗作为公司的战略性服务，不断拓展开发基于个体化的服务模式，这也是长尾式商业模式的重要特点之一。

第四，华大基因继"科研服务""科技服务"和"医学服务"后，将公司的阶段性战略性目标定位为"人人服务"，与精准医疗的目标相一致。

与产品价值模式、市场模式和战略模式相协调，华大基因推进四大板块的具体业务构成。

第一类业务是生育健康基础研究和临床应用服务。针对我国目前出生缺陷发生率高达5.6%以及多由遗传性疾病导致的现状，华大基因通过研究遗传缺陷的致病机理，运用多组学和生物信息学技术，对胎儿及其父母进行监测和分析，致力于快速、准确地监测遗传病，以减少出生缺陷发生率。整个过程贯穿婚前、孕前、产前、新生儿等整个生育过程。这是华大基因的第一大业务。

第二类业务是基础科学研究服务。华大基因为全世界的生物、农业和医学等领域研究者提供从基因测序到生物信息分析的一整套基因组学解决方案，以及基于非测序技术的科研解决方案。其主要产品包括：基因组测序、生物信息分析和其他多组学解决方案。

第三类业务是复杂疾病基础研究和临床应用服务。华大基因深入研究各类复杂疾病的致病机理和发展情况，帮助疾病研究者深入了解各类复杂疾病的遗传机制。在此基础上，华大基因指导医生应用这些研究成果更好地指导不同人群的疾病预防、诊断、预后以及用药的过程，协助医疗机构实现临床复杂疾病的防控。其主要产品有复杂疾病基因检测、肿瘤致病机理和相关基础研究、遗传性肿瘤基因检测、肿瘤常规个体化用药基因检测和肿瘤个体化用药指导系列基因检测。

第四类业务是药物基础研究和临床应用服务。在作为生物研究重要领域的医药领域中，新药开发过程具有阶段多、耗时长、经费需求量大且难度高的特点。针对这一现实，华大基因扩展开发了致病机理发现、生物标记开发、药物靶位确认和药物风险管控等全套药物基因组学研究业务，以达到有效帮助制药公司客户缩短药物研究与开发周期、提高药物临床批准率和减少药物研究与开发风险的目的。其主要产品有疾病致病机理研究、药物先导分子筛选和优化、临床前测试、Ⅰ－Ⅲ期临床测试和伴随诊断。

3. 华大基因的盈利模式

"十三五"期间,我国的"大健康"产业快速发展,消费者的需求从传统的看病吃药(被动接受)逐渐过渡到对个人生命健康的追求(个性化需求)。华大基因作为长尾商业模式的典型,区别于传统行业,不局限于扮演传统产品供给方,不仅针对"大健康"产业需求曲线头部的主流产品销售,同时也着眼于曲线尾部的大量利基产品进行研发,面向相对特定的小群体进行产品研发和服务,其通过生育健康基础研究、基础科学研究服务、复杂疾病基础研究、药物基础研究四大业务板,积极为包括企业、机构、院校及个人等消费者提供差异化、个性化的服务,取得了良好的效果。

表3-1 华大基因2014—2016年主营业务收入情况

单位:万元

业务类型	2014年		2015年		2016年	
	金额	比例	金额	比例	金额	比例
生育健康类服务	35650.46	31.71%	56831.65	43.50%	92906.91	54.62%
基础科研类服务	44499.05	39.59%	37123.06	28.42%	32913.85	19.35%
复杂疾病类服务	27834.18	24.76%	32784.68	25.09%	38327.38	22.53%
药物研发类服务	4432.52	3.94%	3906.24	2.99%	5940.36	3.49%
合计	112416.21	100%	130645.60	100%	170088.50	100%

由表3-1可知,近三年来,华大基因主营业务收入增长稳健,2014—2016年营业收入分别约为11.2亿元、13.06亿元和17亿元,复合增长率约为23%,其净利润由2014年的0.28亿元增加到2016年的3.33亿元。截至2017年第三季度,华大基因净利润已达3.12亿元,并保持持续高速增长态势。

从数据上来看,四大板块中,复杂疾病类服务业务增长平稳,2014—2016年该业务营业收入分别约为2.78亿元、3.27亿元和3.83亿元,年复合增长率约为17.35%;药物研发类服务业务也增长较好,尽管年度营业收入不到1亿元,但该项业务属于华大基因正在培育的长期业务增长点,其客户主要为大中型医药企业。以上类别主要面对传统客户需求,华大基因依靠前期提供意向接触、技术咨询、方案设计等方面的支持，中期随访跟踪、技术指导，后期沟通进展，反馈问题和执行客户的最新要求；项目交付后，售后客服会持续提供6个月的咨询服务，收集和处理客户的疑问，解读项目报告，提供丰富的个性化分析以及后续验证的咨询和技术服务。

华大基因之所以能够实现营业收入和利润持续保持高速增长，主要是依赖长尾式商业模式，在范围经济和规模经济下打造了边际成本可控和价格歧视的优势。

在边际成本方面，一方面，华大基因以技术为主要动力，充分利用自身的研发优势，通过提高研发成果转化率，满足众多小市场，实现了传统经济产品标准化的生产方式，做到了经济"规模性"，实现内生式增长。例如，华大基因通过基因检测重新定义了肿瘤筛查，发现不同的癌症可能同时对应着同一个基因突变，而不同的个体基因存在差别。技术人员针对个人进行遗传性肿瘤的基因筛查，然后根据筛查结果将个人遗传因素逐个排除，寻找出患遗传性肿瘤的风险，进而根据个体的基因情况，给出适合的用药选择，甚至用药量的精准建议，在实现"人人服务，精准医疗"的个性化服务的同时，降低了边际成本。究其原因，是因为技术、信息、知识等共同的生产要素几乎可以零成本的代价从一种生产过程转移到另一种生产过程。另一方面，华大基因不断地加深生产信息化程度，使得平均可变成本不断下降，力争实现销售零成本。同时，华大基因借助数字编码化，完全无重复地通过互联网本身达到扩散，降低了接触更多人的营销成本，有效地提高了长尾市场的流动性，这种流动性继而带来了更多的消费，有效地抬高了销售曲线，扩大了曲线之下的面积，从而实现占有高市场份额的目标。例如，华大基因运用互联网技术建立了"基因谱——华大基因全民健康服务平台"，通过该平台开放的能力，可以整合一些医疗健康领域的资源，整合到线上线下的资源，构建基因生态圈，及时有效地了解个体生命健康需求，在求病问诊、孕前产检、肿瘤预防等业务方面取得了积极的进展，形成了新的盈利增长点。

在定价方面，华大基因将相关产品和服务进行精准定价，针对不同人群分别对天赋基因、36项肿瘤风险基因、150项重大疾病和150项常见疾病基因、不孕不育基因、完美宝贝基因、肿瘤及常见疾病的分子分型基因、100种药物指导基因进行解码,做到不同人群不同服务,不同类别不同定价。且将产品和服务分为不同档次,针对不同年龄、不同层次、不同需求的消费者,价格从几百元到上万元不等,满足了各类消费者的需求,实现了营业收入和利润的不断增长。随着现代社会生活节奏越来越快,华大基因针对新时期消费者对生命健康的心理需求和个性化需求,开展了重大疾病预测、染色体异常检测、肿瘤常规个体化用药基因检测等新型产品和服务。

4. 华大基因的运营模式

华大基因致力于通过差异化发展策略实现优质服务的目标,公司提供从售前支持、项目支持、到售后帮助等完整服务,在服务流程的每个关键节点都能第一时间响应客户的需求。其主要运用"线上健康管理+线下医疗服务"模式。

一方面,华大基因在线上主要依托"基因谱——华大基因全民健康服务平台",根据不同客户类型的实际诉求,提供高效的网络信息共享服务。针对专家客户,提供远程报告查询与下载、数据传输共享、在线知识库共享等;针对大众客户,通过建设PC、移动端的实时查询系统,满足客户便捷了解检测状态的需要,同时共享最新医疗健康信息。另一方面,华大基因通过与医疗机构、健康检测机构等开展线下业务。例如,华大基因积极与深圳智慧健康产业发展有限公司(以下简称"智慧健康")合作,共同推进U优岛的基因检测项目,利用检测设备和海量数据计算,借助"互联网+",向各类消费者提供全新的"云健康+基因检测"生态健康服务。该服务融合了"云健康"动态管理、基因健康监测、健康保险风控等内容,以"云健康"管理结合基因检测的模式,向用户提供基因检测和日常的动态监测服务。U优岛的基因检测价格较为亲民,通过互联网健康管理的方式,让基因检测能为普通家庭的健康服务。用户除了可通过无创方式现场采集唾液DNA样本外,还能把检测产品买回家自行采集样本,然后快递到检测机构,检测结果会通过U优岛的健康管理系统快速推送给用户。随着华大基因与相关企业、机构合作的深入推进,类似于"智慧健康"线下实体店的开业形成了遍地开花的局面,其打通了的线上线下环节,初步实现了企业线上管理、线下服务的新型运营模式。

(三) 华大基因长尾式商业模式的启示

长尾式商业模式的成功运用，使华大基因在满足消费者日益丰富的个性化、差异化的小众需求的情况下，降低了边际成本，实现了小众市场与传统大市场的结合。通过该商业模式的运行，华大基因在其领域市场占有率、营业收入和盈利上均呈高速增长的态势，实现了公司由小到大，由弱到强的转变，实现了中小企业的"逆袭"。其启示主要有以下两点：

一是华大基因依托互联网，实施"线上+线下"的运营模式，有效地推动了长尾商业模式的实现。一方面，通过互联网加强了与消费者的沟通，第一时间了解消费者的需求，从而加强互相之间的营销；另一方面，针对需求曲线的尾端对消费者需求进行个性化定制。例如，华大基因依托全民健康服务平台，通过用户的浏览模式和采购模式来引导个体消费者，从而把过去的大众化市场转变成一个大众化定制市场即长尾市场。

二是华大基因顺应运营环境的变化，规避长尾市场运营的缺陷。随着社会正在进入富足经济时代和互联网技术的发展和成熟，再加上企业因竞争的加剧而进入微利时代。通过华大基因的案例，企业有必要注意长尾模式的几个误区。一方面，不能盲目追随长尾市场。许多企业家盲目追随长尾市场，而不顾这一市场是否具有开发条件和开发价值，从而陷入创业误区。虽说长尾市场上的竞争度比大头市场上弱，并且蕴含着开发的潜在价值，但同时长尾市场有效的约束条件也很多。因此，尾部创业需慎重。另一方面，不能过分强调产品或服务的个性化。长尾市场确实因其能为消费者提供个性化的定制产品或服务而使企业自身市场影响力增加，但同时也需要看到个性化定制因其不能产生规模经济而导致生产成本上升的问题。因此，过度强调产品或服务的个性将会陷入个性化误区。另外，无论是大头市场还是长尾市场，好的产品或服务质量依然是进入市场的基本入门券。因此，如果因过度注重个性化而不顾产品和服务的质量，那么再个性化的产品或服务也很难为企业带来好的收益。

案例之二：达安基因——多边平台商业模式

（一）达安基因的商业画像

1. 公司介绍

达安基因是以分子诊断技术为主导，集临床检验试剂和仪器的研发、生产、销售以及临床检验服务为一体的生物医药高科技企业。达安基因主要研究、开发、生产和销售体外诊断试剂及生物制品、保健食品、医疗设备等产品，同时，还提供诊断外包服务、技术咨询服务、医学检验、病理检查等服务。总体上看，达安基因的业务分为仪器、试剂、服务三大领域：在试剂领域，主要产品是免疫和分子诊断试剂；在仪器方面，主要是中高端 PCR 分析仪、TRF 分析仪、全自动核酸杂交仪等分析仪，以及其他与临床、科研、公共卫生等领域相关的分析仪器和设备；在服务领域，以分布在全国多个城市的八大独立实验室提供的综合检测诊断服务为主。

2. 发展历程

达安基因的发展历程自 1988—2017 年可分为三个阶段：

第一阶段（1988—2004 年）：这一阶段是达安基因的初创期和成长期。1988 年 8 月 17 日，达安基因的前身——广东省科四达医学仪器实业公司成立。1994 年 5 月，达安基因诊断中心成立，主要研发高质量 PCR（polymerase chain reaction，合酶链式反应）技术产品。1996 年，达安基因率先在国内成功开发了荧光定量 PCR 检测技术，克服了传统 PCR 检测技术在临床应用方面的技术障碍，填补了国内的市场空白。到 1998 年 3 月，达安基因共有 5 个荧光产品通过了中国药品生物制品检定，成为世界上首个批准临床应用的荧光定量 PCR 诊断试剂产品。为打破校办企业单一封闭的国有体制，1999 年，达安基因开始引入战略投资者；2001 年，在广州市政府的支持下，达安基因完成了产权改制，并更名为中山大学达安基因股份有限公司；2004 年，完成改制的达安基因在深圳证券交易所上市，进入了新的发展阶段。

第二阶段（2004—2013 年）：在这一阶段，达安基因开始着力于独立实验室的建设,并通过投资方式推进自身在整个IVD(in vitro diagnosis,体外诊断)行业的纵向发展。这段时间内,达安基因陆续在广州、六安、南昌、合肥、泰州等全国多个城市投资设立了独立医学实验室,虽然此时大部分独立医学实验室尚处于亏损状态,但已经为公司在产业链的下游服务领域实现了初步布局。此外,达安基因还于2009年成立了广州市达安投资有限公司,主要从事项目投资、资产管理等服务,为公司在产业链中进一步投资布局做好了铺垫。

第三阶段(2013—2017年):从2013年起,达安基因开始涉足医院投资和产业孵化器领域,独立实验室体系也开始扭亏为盈,整体进入了一个全新的发展阶段。这段时间内,达安基因独立实验室业务的营业收入年增速基本维持在30%～40%,营业利润年增速接近50%,毛利率也稳定在50%左右;同时,达安基因还与大股东中山大学合资成立了中大医院投资管理公司,参与了中山大学附属医院的改制与扩建,为公司未来在IVD行业的长期发展提供了重要保障。此外,达安基因还于2013年设立了"大健康"产业的孵化平台——达安创谷,通过构建专业化资源共享平台,推动了广东省"大健康"领域创业项目和企业的迅速发展。

近年来,达安基因获得了诸多荣誉,包括广东省人民政府颁发的"广东省科学技术奖二等奖"、广州市人民政府颁发的"广州市科学技术奖一等奖"等。

3. 行业竞争分析

达安基因所处的IVD行业,从广义上讲是医疗服务业的子行业,是指将血液、组织、体液等样本从人体中取出,使用体外检测试剂、试剂盒、质控物、校准物等对样本进行检测与校验,获取临床诊断信息的产品和服务;从狭义上讲,则主要指体外诊断的相关产品,包括体外诊断试剂及体外诊断仪器等。体外诊断按检验原理或检验方法的不同,主要分为生化诊断、免疫诊断、分子诊断、血液学和体液学诊断、微生物学诊断、组织细胞学诊断、遗传性疾病诊断等,其中以生化诊断和免疫诊断最为常见。

20世纪80年代以来,随着现代生物技术、单克隆抗体技术、微电子处理器、光化学等方面的科学技术取得重要突破,全球IVD行业先后经历了从生化诊断和酶诊断到免疫诊断和分子诊断的四次革命,渡过了起步期和成长期，已形成了一个价值数百亿美元的成熟产业。根据美国市场研究机构发布的报告，2016 年全球 IVD 市场规模已达 602.2 亿美元，预计在 2016—2021 年将以 5.5% 的复合年增长率快速增长，到 2021 年将达到 787.4 亿美元。

目前，在我国的 IVD 市场中，生化诊断和免疫诊断两大细分市场最为成熟、规模最大，合计占到市场份额的 60%，而分子诊断市场则是行业中技术最先进、发展速度最快的细分市场。由于分子诊断是实施精准医疗的重要技术基础，代表着体外诊断技术的前沿方向，预计该市场未来相当一段时间内仍会保持较高增速。

（二）达安基因的多边平台商业模式分析

1. 多边平台商业模式的定义与内涵

多边平台商业模式是指，两个或多个独立但相互依存的客户被平台连接在一起。平台通过其他客户群体的存在为其中某一群体提供价值，通过充当媒介促进不同群体间的互动来创造价值。由于网络外部性效应的存在，多边平台商业模式成功的关键在于吸引并服务平台客户群体。这是因为，在网络外部性效应下，网络的价值随着使用网络的消费者数量的增加而增加。例如，微信之所以具有巨大的商业价值是因为其海量的客户，而已有的海量客户的存在能够进一步增强用户黏性，提高微信价值。

多边平台能够为用户提供多少价值本质上取决于平台用户数量的多少，但用户是否愿意留在平台又决定了平台能够为其提供价值的大小。因此，多边平台经常会面临一个"先有鸡还是先有蛋的"的两难困境。在这种情况下，多边平台商业模式中首先要定义好利益与主体，并明确为哪一方提供补助、对哪一方收费以及合适的价格，以维持整个平台从整体上实现盈利。

第二，多边平台商业模式的关键业务在于平台的建设，即平台管理、服务实现和平台升级，以促进双边网络效应和单边网络效应的实现。双边网络效应指平台参与双方中一方数量增加会吸引更多另一方的参与者，单边网络效应指一方用户增多会提高该产品或服务的效用，从而获得更多的愿意出价更高的新用户。

达安基因的商业模式可以概括为全产业链布局下的多边平台商业模式。达安基因从 PCR 试剂起家,在上市之后充分利用自身品牌优势和平台资源,陆续参控股了 70 多家公司,涵盖了分子诊断技术、免疫诊断技术、生化诊断技术、医疗器械、检测服务、优生优育、食品安全和产业投资等诸多领域,以投资方式推进达安基因自身在整个产业链中的纵向发展。此外,自 2013 年起,达安基因在广州高新技术开发区建立了一个开放的产业孵化平台——达安创谷,通过构建诊断试剂领域专业技术平台、医疗器械和耗材采购平台、医院消费平台、健康服务平台等专业化资源共享平台,打造了一个"没有围墙"的"大健康"产业孵化器。目前,达安创谷已经参股孵化企业近两百家,形成了"三链融合、促进创新、内外孵化、培育产业"的达安特色产业生态圈。达安基因始终坚持自己的技术优势,集中力量由内向外地打造其多边平台的战略模式,见图 3-2。

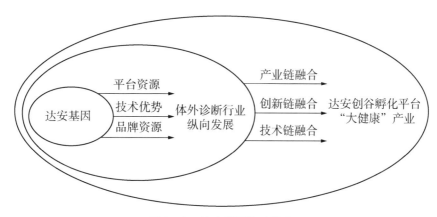

图 3-2 达安基因战略模式

下面,我们将通过达安基因的业务模式、盈利模式和孵化器模式三个方面阐述达安基因如何推进多边平台商业模式的建设。

2. 达安基因的业务模式

达安基因的业务覆盖了试剂、服务、仪器三大领域。其中,试剂类业务和服务类业务贡献了达安基因大部分的收入和利润。第一大业务为试剂类业务。2016 年,试剂类业务收入达 7.29 亿元,2013—2016 年复合年均增长率达 17.6%,毛利 3.82 亿元,占比 56.7%,毛利率 52.45%,是公司第一大盈利来源。第二大业务为服务类业务。收入达 6.19 亿元,2013—

2016年复合年均增长率高达25%，毛利2.64亿元，占比39.15%，毛利率42.68%，是公司重要的收入增长点，也是未来发展前景最为广阔的业务。第三大业务为仪器类业务。2016年收入达2.1亿元，毛利2482.6万元，占比3.68%，毛利率11.83%。

正如上文分析，在我国的IVD市场中，生化诊断和免疫诊断两大细分市场最为成熟、规模最大，合计占到了市场份额的60%。但随着社会经济的快速发展，消费者对精准医疗的需求日益增加，引领着行业未来的发展方向。而在IVD市场中，精准医疗的底层技术则来源于分子诊断和基因测序。因此，达安基因的技术布局主要围绕着分子诊断和基因测序展开。

分子诊断领域处于IVD行业的上游研发和生产端。分子诊断作为达安基因的主营业务领域，也是达安基因的命脉所在。达安基因在该领域的市场占有率超过20%，与华大基因一起在该领域形成了"2+X"的市场格局。达安基因利用其在分子诊断技术方面的技术优势和经验积累，深入布局基因诊断技术，重点对第二代基因测序进行研发，在第二代基因测序方面拥有从仪器、试剂到服务的全方位产业布局。

达安基因在分子诊断领域的产品分为试剂类和仪器类两种，产品种类包括：乙型肝炎病毒核酸定量检测试剂盒等荧光定量PCR系列产品、中东呼吸综合征冠状病毒核酸检测试剂盒等公共卫生系列产品、人乳头瘤病毒核酸检测试剂盒等病理诊断系列产品、荧光定量PCR仪、核酸提取仪、全自动核酸分子杂交仪等。

其中，达安基因在PCR试剂方面具有巨大优势，占国内临床市场的60%左右，国家食品药品监督管理总局批准的相关产品达60多种，可检测疾病包括乙肝、丙肝等传染病，生殖系统炎症等性病，以及结核、膀胱癌、地中海贫血等呼吸道疾病、肿瘤和遗传病。在基因测序方面，公司运作基因测序产品的平台包括：爱健生物、立菲达安（与Life合资）、赛业健康。其中，立菲达安为第一代测序，借助Life公司的3500Dx基因分析仪，致力于分子诊断试剂研发；而爱健生物和赛业健康则专门从事二代基因测序。

另外，达安基因也需要一个测试应用新技术的平台。为了搭建这一平台，达安基因在医学检测领域通过建设独立实验室和参与医院投资两个措施共同推进新技术的推广应用。

医学检测领域处于IVD行业的下游需求端,包括医院、独立实验室、体检中心以及血站,其中医院的需求最大,而独立实验室则是新兴的业态。达安基因在该领域的主要布局为独立实验室建设以及参与医院投资。

在独立实验室建设方面,达安基因从2003年开始涉足独立实验室业务,十多年来一直在该领域进行投资,现已拥有以达安临检为核心的医学独立实验室网络,目前已经先后在广州、上海、合肥、成都、南昌、昆明、济南、泰州等多个城市设立了医学独立实验室,市场占有率在10%左右,位居行业前五。自2014年以来,各实验室的运营状况和盈利能力持续改善,除昆明和泰州外,其余实验室已基本实现盈亏平衡或者盈利,而整个独立实验室体系也已经开始盈利。

在参与医院投资方面,达安基因从2014年开始涉足医院的投资收购,积极参与医院建设项目,并与三甲医院进行股权合作。目前,达安基因已经参与建设了中山大学医院投资管理公司、昌都市达安医院投资管理有限公司、恩阳区人民医院项目管理公司、凯里市三级甲等综合医院项目管理公司等多个项目。未来,达安基因可通过医院投资管理公司对医院进行投资、经营和管理,并利用医院资源的协同效应和共享的管理平台来提升医院的服务质量和水平,还可以与达安基因现有的其他产业投资相结合,推动试剂和仪器的销售以及诊断外包业务的发展,实现内生性增长并提升盈利能力。

3. 达安基因的盈利模式

盈利模式是指企业通过各种现金收入流来创造收入以寻求盈利的方式和途径。要分析一家企业的盈利模式,首先需要从它的收入构成入手。表3-2展示了达安基因2007—2016年的收入结构情况。

表3-2 达安基金2007—2016年收入结构

产品分类	2007年	2008年	2009年	2010年	2011年	2012年	2013年	2014年	2015年	2016年
试剂	61.79%	64.29%	61.92%	59.59%	57.97%	55.44%	44.63%	42.75%	36.23%	45.21%
服务	24.62%	23.25%	24.43%	28.14%	29.00%	31.60%	29.74%	32.03%	32.87%	38.37%
仪器	12.19%	11.75%	12.65%	11.78%	12.21%	11.88%	24.98%	24.03%	25.33%	13.01%
其他	1.40%	0.71%	1.00%	0.49%	0.82%	1.09%	0.65%	1.20%	5.56%	3.41%

如表 3-2 所示，在达安基因的收入构成中，试剂类收入的占比呈明显下降趋势，而服务类收入则逐年缓慢上升。在 2012 年以前，试剂类收入的占比一直在总收入的 50% 以上，但从 2013 年至今已跌至 40% 左右；而服务类收入自 2010 年开始到 2015 年一直保持在 30% 左右，2016 年则接近 40%，且仍有上升的空间。总的来看，二者收入之和每年占比均超过 70%。因此，达安基因的收入结构可以概括为以"'试剂+服务'为主，仪器为辅"。

在试剂类产品方面，达安基因已经形成了以荧光定量 PCR 产品为主，以公共卫生系列产品、时间分辨系列产品、酶联免疫系列产品、病理诊断系列产品为辅的试剂产品体系，覆盖了从生化诊断到分子诊断的全领域。

在仪器方面，达安基因拥有荧光定量 PCR 仪、核酸提取仪、全自动核酸分子杂交仪等仪器，但无论是从收入情况还是市场占有率看，仪器类产品并不是达安基因的重点，原因在于目前我国基因测序仪器还是完全依赖进口，而达安基因下属的爱健生物、广州达安临床检验中心使用的基因测序仪均为 Life Tech 的测序平台。因此，达安基因在仪器方面以代销为主，对公司整体收入和利润的贡献不大。

在服务方面，达安基因独立医学实验室提供医学检验、健康服务，如遗传易感性基因检测、肿瘤标志物检测、宫颈癌筛查、无创基因检测、病原微生物基因检测等健康服务。由于二级以下医院以及民营医院受制于自身的检测条件和样本数量的不足，检测项目的外包需求大，因此在独立实验室出现之前，基层医疗机构都会把检测项目外包给上级医疗机构，但是，上级医疗机构不会为下级医疗机构提供完善的服务，也不会为下级医疗机构量身配备完善的物流体系，而且响应时间也不够及时。因此，在独立实验室出现之后，社区医院、基层医院和民营医院成为诊断外包业务的主力军，这就导致了独立实验室业务的增长受二级及二级以下医疗机构需求增长的影响最大。自我国新医改以来，基层医疗机构得到重点建设，基层的医疗需求开始释放，同时，又鼓励民营资本进入医疗服务领域，使得私营医疗机构的数量和诊疗量增加，这两方面的因素是推动达安基因在服务领域出现快速增长的重要原因。

4. 达安基因的孵化器模式

在早期的孵化器模式中，达安基因通过投资的方式推进自身在产业链中的发展以及摸索孵化器的具体运行模式。在产业链上游，达安基因主要进行横向投资，其母公司是 PCR 技术平台，旗下的中山生物和达瑞抗体是体外诊断的研发平台，其中，前者主要从事免疫诊断方面的酶联免疫技术及 POCT 平台产品的开发及研究，后者主要开发分子诊断方面的时间分辨荧光免疫分析（time-resolved fluorescence，TRF）产品。由于行业未来的趋势之一就是形成复合技术平台，而公司在分子诊断和免疫诊断领域内都有布局，未来在复合技术平台的发展中也会占有先机。在产业链下游，达安基因从 2003 年开始就有意识地通过建设独立医学实验室进行下游的布局，而在 2013 年后则开始涉足医院投资，力求打通产业链上下游。

总的来看，达安基因投资的都是与自身相关性较高的企业，这不仅优化了企业的现金流结构，提高了资金的使用效率，而且能够优化服务质量，降低成本，提升企业价值。一方面，达安基因向下游延伸至独立实验室业务，在提供独立实验室业务的同时，结合其提供的产品，形成更加完整的"生产—销售—使用"链条。这种方式不仅提高了对客户的服务质量，而且也提高了自身的盈利水平。另一方面，达安基因积极投资医院建设项目，参与三甲医院股权合作，希望利用医院资源的协同效应及管理平台的共享来提升医院的服务水平和服务质量，与现有的产业投资相结合，实现企业的内生性增长，进一步提升竞争力。

在累积到一定经验后，达安基因正式推出企业孵化器运营机构达安创谷。达安基因致力于将达安创谷打造成为转化科技成果、凝聚专业人才、培育企业发展的"大健康"产业发展平台。截至 2016 年年底，达安创谷已孵化企业 180 多家。其中，"新三板"挂牌企业 5 家，创业板待审批企业 1 家，完成股改企业 4 家，进入 IPO 流程企业 20 家。

在达安创谷的运营商，达安基因进行了一系列的创新。由于企业的发展离不开技术产品创新、企业的管理和资金支持三个部分。因此，达安创谷通过现有的创新链、企业链和资金链，整合并开放内部资源平台，进行内部创业孵化和外部延伸孵化。在产品创新方面，达安创谷主要通过帮助入孵企业的技术创新和管理创新两大部分，不断促进入孵企业的创新发展；在企业的管理方面，达安基因运用自身积累的经验，为入孵企业提供从注册、生产、销售、品牌、培训等多方面的服务，提高入孵企业的管理水平；在资金支持方面，达安创谷的孵化原则是：在参股项目时，每个项目只投20%以下股权，金额控制在100万元以下，不向被投企业派驻董事、监事、高管，不干涉企业运营，不要求企业分红，不到上市不退出。

达安创谷的孵化模式有两个创新：垂直孵化和就地孵化。前者指从研发项目到企业上市的全过程中，达安基因都为入孵企业提供包括研发合作、原材料采购、生产、销售、售后等在内的资源和服务；后者指入孵企业不受地域空间限制，不管其是否入驻孵化器园区，都可以享受到达安内部资源平台以资源共享的方式带来的孵化服务，这些资源平台包括诊断试剂领域专业技术平台、医疗器械和耗材采购平台、医院消费平台、健康服务平台等。

目前，国内最大的医疗设备维修服务企业广州天成医疗技术股份有限公司（以下简称"天成医疗"）是达安创谷内部孵化出的典型企业之一。天成医疗的董事长曾担任达安基因的财务总监，后来因在工作中发现了国内医疗设备技术服务中存在的问题，从而辞职创业试图解决此问题。在达安创谷生态圈产业资源的依托下，天成医疗在不到4年的时间便成长为国内大型的集医学工程服务、医疗设备产品服务和技术服务为一体的电子商务交易平台。

达安创谷孵化出的另一家典型企业是广州食安菜妈信息科技有限公司（以下简称"食安科技"）。在达安创谷的支持下，食安科技获得了达安基因原有的一些基因诊断平台的授权并将其用于食品检测领域。凭借此平台，食安科技获得了国家科技进步奖二等奖，并成功在"新三板"挂牌。

总的来看，达安基因一方面通过投资方式推进自身在产业链中的纵向发展，另一方面则依托达安创谷孵化"大健康"领域的相关企业，初步打造了全产业链布局下的多边平台商业模式。

（三）达安基因多边平台商业模式的启示

达安基因由小到大，由弱到强的发展历程本身就是广东中小企业实现

"逆袭"的一个较佳研究范本。在达安基因搭建多边平台商业模式的过程中，中小企业可以学习借鉴以下三方面工作：

一是达安基因始终坚持自己的核心技术领域，十年磨一剑地将有限的资源发力在分子诊断和基因测序两个精准医疗的核心技术研发当中。中小企业资源约束比大企业来得更为紧张，难以大范围大规模地进行技术研发创新。专注于自己的技术特长进行创新是中小企业的唯一办法。同时，选择走何种技术路径也是值得中小企业思考的问题。在我国的IVD市场中，生化诊断和免疫诊断是最为成熟的技术，分子诊断和基因测序技术则是未来的发展方向。达安基因抵挡住了短期的利润诱惑，选择了有利于企业长期发展的技术方向。如今许多中小企业面临转型升级的压力，往往就是因为企业发展初期选择了短平快的发展策略而忽视了长期的发展变化。

二是达安基因的多边平台发展策略很好地解决了"先有鸡还是先有蛋"的问题。例如，达安基因在搭建医学检测多边平台时，抓住了核心利益主体是下游需求端的实验室和医院。为了扩大在这两大核心利益主体中的话语权和影响力，达安基因通过建设独立实验室和参与医院投资的方式有效地渗透到这两大核心利益主体，通过交叉补贴的方式，以维持多边平台整体上实现盈利。这对中小企业的启示在于，在搭建多边平台初期，一定要把握住谁是平台的核心利益相关者。只有将有限的资源倾斜在核心利益相关者身上才能最大化地提高资源利用效率，闯过多边平台早期的死亡关。

三是达安基因在完善孵化器模式中充分发挥平台信息交流的优势。达安创谷虽然对孵化器里面的企业股权投资比例不大，但通过在技术和管理两大方面为孵化器企业搭建了良好的交流平台，在网络效应规律的作用下，孵化器企业能够及时快速地获取投资机会和解决技术管理创新困难的资源，极大地推动了企业的快速发展。这对中小企业的启示在于，信息有时候要比资金更管用。如何打破多边平台的信息交流障碍，使得平台利益相关者能够充分地交流沟通，是多边平台后续可持续发展的重要研究课题。

案例之三：冠昊生物——内外兼收式商业模式

（一）冠昊生物的商业画像

1. 公司介绍

冠昊生物科技股份有限公司是一家以再生医药为核心的高科技生命健康产业。其拥有全球尖端技术优势，从事专业再生型医用植入器械研发及销售。凭借在诱导再生功能的新型生物材料及其产品研发领域的领先水平，冠昊生物承担着20多项国家和地方的科技攻关项目，拥有本产业领域的国家级研发中心和产业化示范基地，由国家发展和改革委员会立项的再生型医用植入器械国家工程实验室和再生型生物膜高技术产业化示范工程先后落户冠昊生物。

冠昊生物不断致力于再生医学领域产业化的创新与开发，以生物材料技术和细胞与干细胞技术两大技术体系为支撑，坚持自主创新与国际先进技术相结合。2013年起，冠昊生物开始布局细胞与干细胞产业化平台，陆续开展人源组织工程化再生软骨移植治疗技术、免疫细胞储存等技术服务。2014年，冠昊生物与北京大学合作成立北大冠昊干细胞与再生医学研究院，立志成为世界一流的国际化干细胞研究与临床转化平台。目前，该公司拥有国内外专利百余项、已上市产品6种、在研产品数十种，涵盖神经外科、骨科、眼科、烧伤科等业务领域。

2. 发展历程

冠昊生物由朱卫平和徐国风联合创立。其中，徐国风是中国生物材料领域的领军专家、中国生物医学工程学会的学术带头人及技术专家。曾任暨南大学教授、生物医学工程研究所负责人，中国生物医药工程学会生物材料分会第一、二、三届秘书长。徐国风教授在生物材料的分子设计和再生医学工程制品研发方面具有很深的造诣，拥有数十项中外发明专利，这奠定了冠昊生物早期的技术基础。朱卫平先生早年毕业于中国军事院校，获得北京大学光华管理学院工商管理硕士；曾任职于政府部门，20世纪90年代初担任中国光大国际南方公司总裁，拥有跨行业的丰富阅历、国际化的企业发展视角,是企业战略管理、资本运营方面的专家。

冠昊生物的两位创始人分别在技术和资本领域的特长奠定了冠昊生物的发展脉络,即第一阶段的内涵式发展和第二阶段的外延式扩张。

第一阶段的内涵式发展(1997—2011年):冠昊生物1997年在美国加州成立 AV Healing LLC,集中力量投入再生医学材料领域之中。2006年,公司首个产品"生物型硬脑(脊)膜补片"获 CFDA 准产注册证。首战告捷后,冠昊生物在再生医学材料领域持续深耕,其"小口径人工血管"获国家"863"项目立项,"胸普外科修补膜""无菌生物护创膜""B 型硬脑(脊)膜补片"均获得 CFDA 准产注册证,获国家发展改革委员会批复建设"再生型生物膜高技术产业化示范工程"和"再生型医用植入器械国家工程实验室"。至2011年,公司成功登陆中国深圳证券交易所创业板挂牌上市。

第二阶段的外延式扩张(2011年至今):冠昊生物成功上市后,资金来源渠道更加多元丰富,企业为了实现更快速的发展需要做大规模,持续挖掘新的利润增长点。为此,公司经过战略调整,2013年设立生命健康产业专业孵化器"广东冠昊生命健康产业园"。同年,开始向外投资广州聚生医疗科技有限公司。2014年3月,冠昊生物投资广州优得清生物科技有限公司。随后,冠昊生物开始在细胞领域布局并与北京大学合作成立"北昊干细胞与再生医学研究院",分别收购杭州明兴生物科技有限公司、北京申佑医院研究有限公司、武汉北度生物科技有限公司。

3. 行业竞争分析

冠昊生物属于医疗器械行业,旗下有再生材料、细胞、眼科、药业四大核心板块。

在再生材料领域方面,公司依托自有创新技术研发的产品均为世界首创或世界领先,包括组织固定技术、多方位去抗原技术、力学改性技术、组织诱导技术。运用以上技术研究开发出的产品具有高科技含量、高附加值、高毛利的特性,使公司的产品成为国内独有且具有国际竞争力的高科技产品。

在细胞领域方面,公司从2013年开始搭建细胞与干细胞研发应用平台,拥有两条国内唯一通过 GMP 现场认证的细胞生产线。该生产线依循

GMP 车间的"标准化、规范化",在细胞存储的安全性、有效性上遵循国际最高标准,为将来全国在细胞生产线 GMP 认证体系的确立提供了示范性标准。

在眼科领域方面,2013 年 8 月,冠昊生物与广州优得清生物科技有限公司(以下简称"优得清")合作在冠昊生物的国家工程实验室技术平台上研发人工角膜,开启了冠昊生物眼科领域的产业布局。2015 年,冠昊生物通过两次收购,取得了优得清 49.33% 的股权。2016 年 4 月,公司可脱盲复明的人工角膜获批上市,成为全球唯一以脱盲为标准的人工角膜,具备国际创新性。

在药业领域方面,公司持有 1.1 类新药苯烯莫德大中华区的知识产权。苯烯莫德是一种由天然微生物代谢产物中分离出来的非激素类小分子化合物。该药物为全球首创,可以用于治疗多种自身免疫性疾病,如银屑病(俗称"牛皮癣")、湿疹等,被国家科技部列为"十二五"国家"重大新药创制"科技重大专项成果。

(二)冠昊生物的内外兼收商业模式分析

1. 内外兼收商业模式的定义与内涵

内外兼收商业模式即企业采取的内部稳定增长和外部并购扩张相结合的商业模式。

内涵式发展核心思想认为经济能够不依赖外力推动实现持续增长,内生的技术进步是保证经济持续增长的决定性因素。其强调企业技术进步和生产资料的效率。在内涵式发展模式中,企业基于自身积累,通过研究开发、自主创新和技术进步提高资本利用效率和市场竞争力,以使企业发展壮大。外延式扩张是以事物的外部因素作为动力和资源的发展模式。它强调数量增长、规模扩大、空间拓展,主要是适应外部需求表现出的外形扩张。企业推进、落实发展战略,强化核心竞争力,并积极采取对外合作、兼并收购等措施努力将公司做大,有助于企业丰富产品结构、提升产品竞争力、打开新的市场空间,实现快速扩张。在外延式扩张模式中,企业通过并购其他企业以扩大资本投入、实现规模扩张,进而提升资产规模和销售额。

综合来看，在内外兼收的商业模式中，企业一方面应当关注内部技术创新，提升企业的可持续获利能力；另一方面，应当通过外部扩张扩大市场收入，提升企业竞争力。"内涵式发展与外延式扩张并重"的商业模式有助于推进公司发展和转型，企业通过这种模式可以依据行业特征，在创新内部产品或服务的同时，根据外部市场新形势通过并购拓展自身业务。

近几年，冠昊生物收入与利润的高速增长受到社会的广泛关注，在其取得成果的背后，离不开商业模式创新的支持。冠昊生物的商业模式可以概括为内外兼收。内涵式发展是指企业专注研发投入，通过掌握核心技术实现公司的发展；外延式扩张是指企业针对企业核心能力建设推进并购战略布局，通过对资源的有效整合，助力新产品发展与经济增长。冠昊生物正是把握好了这两点的平衡，内涵外延并重发展，才取得了一系列优秀的成果。

下面，我们将通过冠昊生物的业务模式、盈利模式和资源整合模式三个方面阐述冠昊生物是如何平衡内外兼收式的商业模式发展。

2. 冠昊生物的业务模式

目前，冠昊生物以再生医学为基础，拓展生命健康相关领域，嫁接全球高端技术资源，持续在生物材料、细胞干细胞、眼科、药业以及其他先进医疗技术、产品业务领域布局，推进公司持续发展。

再生材料领域是冠昊生物产业布局中最重要也是最基础的环节。冠昊生物组建了以首席技术官徐国风教授为学术带头人的研发团队，经过十多年的研发发展，打造具备国际竞争能力的医药技术平台，并在这一平台上开发出多种技术与产品。冠昊生物在再生材料领域的主要产品有生物型硬脑（脊）膜补片、B型硬脑（脊）膜补片、胸普外科修补膜、乳房补片、无菌生物护创膜。其中，生物型硬脑（脊）膜补片（又称"脑膜建"）是冠昊生物的核心产品。脑膜建适用于颅脑术后维护脑膜完整性，有预防癫痫、颅内感染等功效。2016年，脑膜建营业收入达到1.73亿元，占本年总营业收入的55.3%，其毛利率连续多年达到90%以上。目前，该产品已经取代强生、贝朗等欧美企业产品，国内市场占有率第一，成为冠昊生物收入与利润的主要来源。其他几项产品也逐渐成为冠昊生物营业收入与利润的来源，发展空间可期。

细胞领域是冠昊生物近几年研发的新方向。2013年，冠昊生物成功开发了人源组织工程化再生软骨移植治疗技术（以下简称"软骨移植"），并实现了产业化。该技术填补了国内再生医学领域的空白，为软骨缺损治疗这一难题提供了有效的解决方案。2014年7月，冠昊生物从台湾鑫品生医公司引进"免疫细胞银行业务"，获得中国内地单独、排他性授权。该业务是一项免疫细胞储存业务，可以为客户打造"健康管理私人银行"，储存高质量的免疫细胞，可用于免疫细胞治疗等领域。此外，冠昊生物还与北京大学共同组建干细胞与再生医学研究院，共同开展干细胞研究。

与上述自主研发的前面两个领域不同，眼科领域的产业布局主要是以与其他公司的合作与并购为核心。2013年8月，冠昊生物与广州优得清生物科技有限公司合作在冠昊生物的国家工程实验室技术平台上研发人工角膜，开启了冠昊生物眼科领域的产业布局。2015年，冠昊生物通过两次收购，取得了优得清49.33%的股权。2016年4月，公司可脱盲复明的人工角膜获批上市，成为全球唯一以脱盲为标准的人工角膜，具备国际创新性。该产品经中央电视台《焦点访谈》和《新闻联播》节目、广东卫视及各大主流媒体进行过专题报道。

在药业领域，冠昊生物主要通过他的几个控股子公司来实现此领域的业务扩展。冠昊生物的控股子公司北京文丰天济医药科技有限公司，持有1.1类新药苯烯莫德大中华区的知识产权。该药物为全球首创，可用于治疗多种自身免疫性疾病，被国家科技部列为"十二五"国家重大新药创制科技重大专项。另外，目前冠昊生物正在进行战略收购的浙江惠迪森药业有限公司，主要产品为注射用拉氧头孢钠。该药物已进入全国基本医疗保险和工伤保险药物目录，在抗生素领域具有安全性高、效果好等优势。

3. 冠昊生物的盈利模式

2017年7月，冠昊生物科技股份有限公司发布2017年半年度报告。报告显示，2017年上半年，冠昊生物实现营业收入19793万元，同比增长85.32%；归属于母公司的净利润2570万元，同比增长66.44%。

冠昊生物在成立之初，把握了当时的宏观背景与行业机会，聚焦于医疗器械的再生材料领域，通过多年的研发掌握了多项核心技术，体现了竞争优势，实现了高速增长。在上市之前的几年，冠昊生物的营业收入主要是以生物型硬脑（脊）膜补片这一种产品为主。至2013年，此产品依然占到总营业收入的91%，总净利润的93%。如果有关此项产品的国家政策或市场环境发生变化，将给公司带来极大的风险。为了公司的长远发展，公司需要进行新的投资和寻找新的利润增长点。

冠昊生物综合行业前景预测，选择了细胞领域和药业领域作为新的研发方向。在国内，这两个领域均有较大的需求，但没有具有核心技术的本土企业公司。冠昊生物发现了未来的发展空间。在细胞领域，冠昊生物依托其优秀的人才团队和丰富的研发经验，依然采用内涵式发展的方式，进行了细胞与干细胞应用平台的建设，并不断取得突破；但在药业等领域，冠昊生物拥有的资源并不多，为了进入这些领域，冠昊生物采用了外延式扩张的手段，通过并购重组完成了行业的准入，在保证自身收入与利润稳定增长的同时，既为公司带来新的利润增长点，又促进了企业产品的多元化。

4. 冠昊生物的资源整合模式

目前，冠昊生物以再生医学为基础，拓展生命健康相关领域，持续在生物材料、细胞干细胞、药业以及先进医疗技术、产品业务领域布局，核心业务初步形成"3+1"格局，即材料、细胞、药业三大业务板块和一个孵化平台。下面，我们详细分析冠昊生物在各个领域采取的手段以及取得的效果。

第一，冠昊生物依托多年建设的再生材料医药技术平台，为公司带来主要利润与价值。再生材料医药技术平台是冠昊生物一直以来的核心技术平台，在此平台上，冠昊生物自主创新技术研发的产品均为世界首创或世界领先，在再生材料领域包括组织固定技术、多方位去抗原技术、力学改进技术、组织诱导技术等，这些技术都具有较高的科技水平和应用价值，其中，组织固定技术已经获得中、美、英、法、德等多个国家的认可与专利授权。运用以上技术研究开发出的产品具有高科技含量、高附加值、高毛利的特性，使冠昊生物的产品成为国内独有且具有国际竞争力的高科技产品。

到目前为止，再生材料领域依然是冠昊生物收入和利润的主要来源之一。从2014年到2016年三年时间，仅生物型硬脑（脊）膜补片一项产品就为公司创造了超过5.1亿元的营业收入，多年来毛利率一直在90%以上，在公司的所有产品中毛利也是最高的，为公司创造了巨大的财富。

冠昊生物凭借多年的研发优势，在再生材料领域为企业创造了极大的价值，企业通过此领域实现的盈利，一方面扩大了企业的知名度，为企业赢得更多的发展机遇；另一方面为扩展其他领域提供了资金支持与技术支持，保证了冠昊生物的长远发展。

第二，冠昊生物大力投资细胞与干细胞应用平台，建立新的增长点。冠昊生物从2013年开始一直在建设细胞与干细胞应用平台，拥有国际唯一通过GMP现场检验的两条细胞生产线，该生产线依循GMP车间的"标准化、规范化"，在细胞存储的安全性、有效性上遵循国际最高标准。多年来，细胞领域完成多项优化实验，为未来的快速发展奠定了坚实的基础。

如果一个企业的主营业务收入来源比较单一，那么一旦医疗市场的市场环境、法律政策、产业上下游等方面发生重大变动，将会对公司的业绩产生重大的影响，不利于公司长期平稳发展。另外，每种产品都有生命周期，在科学技术高速发展的今天更是如此，再生材料领域虽然仍处于发展阶段，但终有走向成熟的一天，在利润增长走向下滑之前开辟新的增长点是企业非常值得关注的地方。

因此，为了促进公司持续发展，减少经营风险，即使冠昊生物在再生材料领域有很多盈利，冠昊生物也没有满足现状，而是通过加快拓展新领域，在细胞与干细胞领域积极开展研究，开拓新的利润增长点。

第三，冠昊生物通过并购优质公司，开拓产品新方向。在冠昊生物开拓新产品方向时，不仅仅依靠自我开发的模式（例如，细胞领域），还采用了并购的方式。众所周知，生物医学产品一般具有开发周期长、研发风险高等特点，而并购可以很好地解决这一领域的问题。一方面，并购直接吸取了其他公司的优势经验，直接对较为成熟的技术生产体系进行投资，减少风险的同时可以取得未来的收益；另一方面，并购也可以减轻公司的财务压力，在保持公司净利润没有大幅变动的同时，实现对未来的投资，有利于维持股价的平稳上升。

近几年，冠昊生物为了进军药业领域，收购了北京文丰、惠迪森药业等多家公司。其中，北京文丰的收购是一个典型的例子。2016年，冠昊生物以自有资金1600万元收购北京文丰天济医药科技有限公司5%的股权。北京文丰是一家专门从事化学新药研发的公司，拥有中国（包括香港和澳门）新型非激素类免疫/消炎药物苯烯莫德和多靶点抗肿瘤化合物米托噻咯的专利技术和知识产权。二者均为在国内外上市销售的国家1类新药，具有治疗效果好、不良反应小等优势，临床试验效果良好，目前已进入新药申请阶段。

另外，在2016年，冠昊生物生物型硬脑（脊）膜补片占总营业收入的比重从2015年的79.29%下降至55.35%，其中，最重要的原因是并购珠海祥乐医药公司（以下简称"珠海祥乐"）后，珠海祥乐的代理品人工晶体加入到了主营商品中，占到冠昊生物营业收入的22.32%。在保持营业收入、营业利润稳定增长的同时，公司的产品达到了多元化，这样有效地降低了可能面临的风险，有利于公司的稳定增长和长远发展。

收购北京文丰等公司只是冠昊生物在药业领域迈出的第一步，在未来，冠昊生物还将在传统领域之外进行布局。根据《冠昊生物2016—2020年战略规划纲要》，冠昊生物将形成以再生医学为核心的药业业务和资产布局，通过并购重组等方式形成新型的药业商业模式，实现药业领域的特色定位和创新地位。未来，药业领域将被纳入冠昊生物的主营业务之一，为公司带来新的增长方向。

第四，冠昊生物通过并购间相互合作，促进资源有效整合。根据2016年年报，冠昊生物拥有的子公司或联营企业达到22家，主营业务涵盖技术开发、研究与试验发展、医疗用品制造、技术服务、技术咨询、医疗器械销售、股权投资等多个领域，包括医疗行业工业链的上游、中游、下游，有效地实现了资源整合。

在资源整合模式中，最典型的案例就是珠海祥乐与优得清之间的合作。2015年，冠昊生物收购优得清，优得清在眼科领域掌握核心技术，此次收购扩展了冠昊生物自身在眼科领域的业务。为了促进优得清的人工角膜产品销售，2015年7月，冠昊生物又发布公告，拟全资收购珠海祥乐。珠海祥乐主营业务为人工晶体的进口与销售，拥有143个经销商，业务覆盖超过1400家医院。已经具备较为完善的国内眼科领域销售渠道，未来，优得清生产的人工角膜可以通过珠海祥乐的渠道进行快速有效布局,从而推动冠昊生物在眼科领域的高速发展。

一方面,优得清与珠海祥乐之间的合作是典型的资源有效整合的案例,在眼科领域刚刚起步的冠昊生物,即使拥有优得清公司领先的技术和研发资源,因为没有建立与之匹配的代理渠道、销售渠道,很难将科技成果转换成经济成果。另一方面,珠海祥乐拥有成熟完整的眼科领域代理、销售渠道,可以帮助优得清解决这一难题。优得清并购珠海祥乐不仅为优得清公司未来的成果转化开辟了道路,也增加了珠海祥乐的销售产品种类和质量,实现了两个子公司的双赢,为冠昊生物的未来带来极大的增长点。

第五,冠昊生物依托冠昊生命科技园,为企业培养新方向。冠昊生物2013年成立了子公司冠昊生命科技园。该子公司成立的目的是"嫁接全球高端技术研发资源和成果,面向中国市场进行产业化运用与转化,实现生物医药类企业的迅速孵化"。通过聚焦再生产业进行前期产品孵化,冠昊生命科技园成功孵化出多家具有创新能力的企业。

在生命科技园孵化出的企业中,优得清公司就是孵化平台的成功成果之一。优得清公司在2013年8月与冠昊生物签署合作协议,在生命科技园的国家工程实验室中合作研发人工角膜。通过"体内创业、体外孵化"的模式,优得清在短短数年就实现了"实验室到市场"的成果转化,成功推出世界首创的优得清脱细胞角膜植片,并且被冠昊生物收购部分股权,成为其重要的联营企业之一。冠昊生物持续投入、孵化医药创新的模式已渐渐被社会主流关注。

(三)冠昊生物商业模式的启示

冠昊生物兼顾内涵式发展与外延式扩张,通过资源的有效整合,在实际探索中建立了内外兼收的商业模式:一方面,冠昊生物依托核心业务,利用再生材料医药技术平台和细胞与干细胞应用平台两大平台,把握自身优势,源源不断地为企业创造价值,为企业的进一步发展奠定了坚实的基础;另一方面,冠昊生物依托冠昊生命科技园,以并购为手段,嫁接全球领先资源，扩张生命健康相关领域，成功打破了企业成长的瓶颈，为企业的进一步发展增添新的想象空间。

具体探讨商业模式，我们也可以看到冠昊生物建立起的"内涵式发展与外延式扩张"这种内外兼收商业模式对中小企业生存发展壮大的重要启示。对于中小企业而言，生存永远是第一位的，没有生存就谈不了发展。在企业发展处于成长初期时，企业规模较小，现金流不稳定，融资手段匮乏。这时，企业需要聚焦发展方向，专注核心技术研发，努力打造少数几款拳头产品，在行业内提高自己的核心竞争力，使企业的发展走上轨道。

当企业发展到成熟期时，早期拳头产品的利润增长速度已接近极限，企业发展的天花板隐现，过度依赖某几款拳头产品所带来的经营风险急剧加大，企业战略的核心问题是如何实现可持续发展。这时，企业就不能仅局限于成长初期的内涵式发展，可以需要考虑外延式扩张战略。这是因为，一方面，企业已经具有一定的资产规模和稳定的经营现金流，自身较为充裕的内源资金和对外较为丰富的融资手段能够为企业向外寻求新的投资机会提供坚实的资金保障；另一方面，并购能够帮助企业迅速进入新的市场，开发新的产品，避免过度依赖某一款拳头产品，提高企业自身的抗风险和可持续发展能力。冠昊生物采用大生命健康行业并购策略，即兼并了同是大生命健康行业内的不同细分市场产品企业。这一策略能够避免冠昊生物进入完全陌生的市场，又能够利用冠昊生物在已有市场所积累的经验知识，充分发挥企业的范围经济。

通过了解冠昊生物的发展历程，我们可以发现，在公司发展的不同阶段应当采取不同的发展战略。但是，企业家如何准确地定位企业的发展阶段，及时地切换发展模式，则是一个值得进一步探讨的课题。我们发现，冠昊生物能够很好地把握内涵式发展和外延式扩张的平衡，因时制宜动态发展，这对中小企业的发展具有很大的参考价值。

第四章 启示:"两轮驱动"助力中小企业"逆袭"

一、"两轮驱动":技术创新和商业模式创新

(一)技术创新与核心优势

习近平总书记指出,创新是引领发展的第一动力,是建设现代化经济体系的战略支撑。我们必须将创新摆在国家发展全局的核心位置,深入实施创新驱动发展战略。世界正处在科技创新突破和科技革命的前夜,一些重要的科学问题和关键核心技术发生革命性突破的先兆已日益显现,某些重大颠覆性的技术创新正在创造新产业新业态,信息技术、生物技术、制造技术、新材料技术、新能源技术广泛渗透到几乎所有领域,带动了以绿色、智能、泛在为特征的群体性重大技术变革,大数据、云计算、移动互联网等新一代信息技术同机器人和智能制造技术相互融合步伐加快,科技创新链条更加灵巧,技术更新和成果转化更加快捷,产业更新换代不断加快。

"如果我们不识变、不应变、不求变,就可能陷入战略被动,错失发展机遇,甚至错过整整一个时代。"与此同时,习近平总书记还强调,"只有把核心技术掌握在自己手中,才能真正掌握竞争和发展的主动权,才能从根本上保障国家经济安全、国防安全和其他安全。不能总是用别人的昨天来装扮自己的明天,不能总是指望依赖他人的科技成果来提高自己的科技水平,更不能做其他国家的技术附庸,永远跟在别人的后面亦步亦趋"。习近平总书记认为核心技术可以从三个方面把握:一是基础技术、通用技术;二是非对称技术、"杀手锏"技术;三是前沿技术、颠覆性技术。在

这些领域，我国同国外处在同一条起跑线上，如果能够超前部署、集中攻关，很有可能实现从跟跑并跑到并跑领跑的转变。

中小企业要掌握核心技术，必须依靠技术创新。"中小企业不仅更有活力，而且更富于创新。"习近平总书记指出，把科技创新摆在更加重要的位置，应深化科技体制改革，建立以企业为主体、市场为导向、产学研深度融合的技术创新体系，加强对中小企业创新的支持，促进科技成果转化。目前，我国大企业动力不足，中小企业能力不够，要改革现有的科技体制机制，应健全技术创新的市场导向机制和政府引导机制，加强政产学研用协同创新，引导各类创新要素向企业集聚，提高企业在技术创新决策、研发投入、科研组织和成果转化等方面的主体地位与作用。要制定和落实鼓励企业技术创新各项政策，强化企业创新倒逼机制，加强对中小企业技术创新支持力度，推动流通环节改革和反垄断反不正当竞争，引导企业加快发展研发力量。李克强总理也明确指出，在"技术改造"等扶持资金政策中，要改变以往"企业打报告，中央就拨款"的旧模式，引导实体基金投向成长型中小企业，提高资金使用效率。目前，中央也出台了一系列政策支持中小企业进行技术创新，如在资金方面建立国家中小企业发展基金，在税收方面出台"加计扣除"等。这不仅对成长型企业是很大的扶持，也能有力地缓解中小企业融资难、融资贵的困境，对扩大就业，推动大众创业、万众创新，增强发展新动力，都具有重大意义。

（二）商业模式创新与独特优势

党的十八大以来，创新驱动是关乎国家发展全局的重要战略。创新不单是技术创新，还包括体制机制创新、管理创新、模式创新。2016年5月，中共中央、国务院印发的《国家创新驱动发展战略纲要》明确指出，商业模式创新是创新驱动的重要组成部分。习近平总书记指出，应对具有技术路线和商业模式多变等特点的产业变革，中小微企业具有独特优势，不仅可以通过市场筛选把新兴产业培育起来，还能从根本上通过深化变革解决科研和经济联系不紧密的问题。

麦肯锡咨询公司2016年发表的一份研究报告分析了商业模式创新趋势

演化的四个方向：①在企业与消费者关系上：企业将从传统的关注消费者对产品与服务的忠诚度，转变为让消费者参与企业生产和服务提供的过程。移动互联网发展使得供给方与需求方的诉求被低成本反馈到平台上，企业通过用户体验提升的形式夯实客户基础。开放式客户需求导向的商业模式创新将更加符合用户体验提升的内在要求。②在企业的生产活动方式上：企业将从传统的通过技术和规模生产提升生产效率，转变为在生产和服务中广泛嵌入人工智能和信息技术。③在企业的资源整合上：企业将从传统的依靠自身拥有全部资源的所有权，转变为整合所有相关资源进行伙伴式合作。④在企业的成本上：企业将从依靠"规模经济"降低成本，转变为通过交叉补贴、版本更新、数据服务、三方市场等方式实现零成本提供产品与服务。

在新的技术经济范式、新的消费需求、新的宽松管制环境下涌现出来的商业模式创新将呈现如下三个方面的关键特征：①开放式创新是商业模式创新的重要理念。开放式创新要求企业打开组织内部的部门边界，创新不仅是研发部门的事情，也是所有利益相关者的责任，要发挥参与式管理，倾听现有客户和潜在领先客户以及一线基层员工的意见和建议。开放式创新还要求企业采取合作导向，专注自己的核心专长，不搞大而全，通过专业化分工合作获得共享双赢。②企业跨界创新是商业模式创新的重要方向。数字音乐、互联网金融、新能源汽车，这些都是跨界创新的典型例子。③"共享经济"特性会进一步体现在商业模式创新中。未来商业模式创新将与众筹、众包、协同设计等共享经济领域相结合，并融入更多的共享经济理念，融入参与主体多元化的发展理念。"共享型"商业模式创新有效地解决了以往制造业和重资产行业固定资产投入巨大、风险高等问题，也能满足服务性企业的资产轻量化需求。

（三）技术创新与商业模式创新的融合

创新包括技术创新、产品创新、组织创新和商业模式创新等，但社会上往往将创新等同于技术创新，而对商业模式创新的重要性和影响力认识不足。管理学大师德鲁克指出，当今世界企业间的竞争，不是产品之间的竞争，而是商业模式之间的竞争。商业模式创新的重要性已经丝毫不亚于技术创新。商业模式创新与技术创新作为企业最重要的创新形式，容易被混为一谈。无可否认，两种创新的最终目的都是促进企业价值创造，提升盈利能力。但从内涵上看，技术创新是单纯通过生产技术的更新或改变催生新产品或新服务，而商业模式创新则是通过多种因素（技术、市场、战略等）的协同变化，改变企业创造价值的整体逻辑，是一个综合的、系统的过程。

技术创新会催生商业模式创新。新技术要转化为适应市场的产品和服务，需要寻找合适的商业模式进行市场推广。因此，新技术的市场化是商业模式创新的驱动力之一。当前，以大数据、云计算、物联网、移动互联和移动通信技术为代表的信息技术让信息流、资金流、物流更快速地流动，使消费者个性化的需求更容易被满足，同时也改变了企业间的合作与交换模式，这些都促使全新的商业模式不断涌现。此外，也要看到，第三次技术革命带来的生物、新材料、新能源等技术，也是驱动商业模式创新的重要技术力量。

商业模式创新是技术创新成果转化的重要支撑。当前我国技术转化率较低的一个重要原因是缺乏好的商业模式。而合适的商业模式创新能够为新技术应用开拓市场，让技术转变为生产能力，生产出新的产品或提供新的服务，最终实现新技术商业化。商业模式创新是企业运用商业逻辑，通过为顾客创造新的价值来开拓未被满足的市场需求，从而赢得超越现有竞争对手新的竞争优势。商业模式创新的本质是创造全新的业务，或者通过发展企业现有的商业模式推动增长。社会上往往将创新等同于技术创新或产品创新，对商业模式创新的重要性认识不足。但商业模式创新的重要性丝毫不亚于技术创新。重要的技术发明或产品创新，如果没有与之匹配的商业模式创新，那么这些新技术和新产品便难以走向市场为广大消费者认可和使用。技术创新可以推动商业模式创新，商业模式创新促进了技术创新走向市场。

因此，可以肯定地说，商业模式创新和技术创新如同车之两轮，同等重要而不可或缺。

二、技术创新、商业模式创新与中小企业"逆袭"

（一）技术创新与中小企业成长

技术创新对中小企业发展的作用包括：技术创新是中小企业发展的内在动力，是中小企业竞争取胜的关键，是延长中小企业寿命的法宝，是中小企业改善供给的源泉，技术创新促进中小企业科技成果的商品化和产业化。

目前，在科技创新环境方面，与其他省份相比，广东省科技创新环境具有以下三个优势：一是市场化程度高，政府服务企业意识强；二是供应链发达，形成了资金和产业生态系统；三是产业体系完整，区域协同格局明显。总体而言，在区域经济方面，广东省各区域重心各异，呈现区域共同协作格局。

在推动技术创新的举措方面，广东省在促进科技成果转化时是以企业为主体、市场为导向，通过改革科技管理体制，搭建公共服务平台和载体，大力布局新型研发机构，构建以企业为核心的产学研结合体系，以及积极引入和培育人才，发挥了改革开放以来形成的市场化环境优势，同时逐渐弥补了科技力量方面的不足，有效地促进了企业技术创新与中小企业"逆袭"。

广东中小企业在科技创新过程中，也面临着不少困难和挑战。其中，一些困难和问题并非广东独有，更是在全国范围内具有普遍性和共性，主要表现为：第一，科教资源不足，制约广东中小企业科技创新进一步发展；第二，政策设计缺乏顶层安排，条块式的政策不能形成合力；第三，科研体制的束缚导致体制外的企业难以拿到科研经费；第四，知识产权保护亟待加强；第五，区域经济协同能力需进一步加强。

广东作为经济大省，依靠改革开放以来形成的市场化环境，在促进企业技术创新与中小企业"逆袭"的过程中，政府坚持有所为有所不为，取得了很好的效果。广东的实践，既为国家层面以及其他省份推进企业技术创新与中小企业"逆袭"提供了宝贵的经验，其所面临的困难，也为如何进一步深入促进企业技术创新与中小企业"逆袭"提供了新的着力点。具体路径包括：第一，坚持市场和企业导向；第二，积极转变政府职能，提升政策制定和执行能力；第三，构建全方位服务体系，激发创新主体活力；第四，加强知识产权保护，为企业创新创造良好的环境；第五，积极引入大院大所，加强源头科技创新。

通过对大疆无人机成长案例的研究，我们发现，大疆创新在高科技领域自主创业、潜心研发、追求极致，为中小科技创业企业树立了以创新研发带动产业"逆袭"的榜样，大疆成功的启示包括：妥善选择创业地点，为"逆袭"奠定基础。大疆创新的萌芽与发展离不开广东省的大环境，离不开深圳市的小环境。创新与专利申请并重，实现成果转化。在大疆创新的发展与"逆袭"过程中，技术创新始终是大疆取得成功的主要途径，随着创新研发与国际市场的不断扩大，专利申请则是对技术创新必不可少的保障。启发式人才培养，为"逆袭"输送氧气。未来的竞争是人才的竞争，人才是首要的资源。只有合适的人才才能在企业发展的关键时刻，提供必要的支持，做出正确的决策，从而超越对手，关注消费者需求，拓展市场空间等。大疆创新一直以来从解决实际问题的角度出发，进行有目的的研发与技术创新，通过一系列的专利与技术成果转化实现了无人机产品用户体验的提升。

通过对珠海伊斯佳成长案例的研究，我们发现，公司成功"逆袭"的关键在于工程技术中心在运行中不断地进行技术创新，技术创新包括以下几个方面的战略：合作创新，工程技术中心在运行中不断地吸收包括依托单位在内的上游科研群体的科研成果，经过工程化、集成化开发，持续地向下游企业或企业群体转移工程化技术；自主创新，鼓励科研人员对本行业基础研究方面进行原创性的研究，突破技术难关，并通过公司完成技术创新后续工作，积极申请专利，主动进行技术转让，实现技术的商品化和市场化；引进国外创新成果，密切关注国内外领先者的技术发展和市场运作态势，主动学习其创新思路和创新行为，吸取其成功的经验和失败的教训，引进购买或破译其核心技术，并进一步地开发，以获得竞争优势。

（二）商业模式创新与中小企业成长

广东拥有深厚的商业文化传统和历史底蕴，既有千年商都广州，又有改革开放窗口深圳，还毗邻港澳，广东企业和政府在商业模式创新方面大有可为。然而，从目前形势判断，广东并未在商业模式创新方面取得明显领先的地位。广东实施创新驱动战略，在大力推进技术创新、产品创新和组织创新的同时，可利用自身市场化程度高、消费需求大等优势，做到先人一步、引领潮流，打造我国商业模式创新高地，再现广东经济发展的强大驱动力。

商业模式创新是一种基于传统创新又超越传统创新的新形态。商业模式创新是企业最重要的创新形式之一，本质是更好地满足消费者需求从而达到新的价值创造。因而，商业模式创新是指企业为了应对内外环境的变化，围绕日益复杂和个性化的市场及客户需求，整合内外资源，改变创造价值的逻辑和方法，通过不断赋予现有的产品和服务新的内涵，或者创造全新的产品和服务，以达到提升企业的盈利力和竞争力的目的。

中小企业为何要进行商业模式创新？从实践的角度看，商业模式创新是中小企业与大企业竞争的必然选择，是实现"以小博大"的现实路径。面对大企业财大气粗的围剿，中小企业不可能去拼规模、技术、人才和市场，所以，只能另辟蹊径。迈克尔·波特提出企业三大发展战略，差异化是其中之一。商业模式创新就是中小企业实现差异化战略的重要途径之一，是中小企业在大型企业夹缝中求生存，实现"逆袭"的现实选择。通过商业模式创新，中小企业可以最大限度地发挥自身优势，避开大企业的锋芒，实现后发追赶和弯道超车。从理论上讲，中小企业商业模式创新的内在机理可以描述为外在驱动和内在驱动。外在驱动因素包括技术变革、经济环境变化和政府简政放权，内在驱动因素主要是企业家精神。

商业模式创新的重要性表现在：①商业模式创新是中小企业整合资源、提升自身竞争力的重要途径。②商业模式创新为中小企业适应环境变化、参与市场竞争提供护城河。③商业模式创新是企业内部发展不同阶段的必然要求。商业模式创新需要注意：①从商业活动系统的角度出发识别自身具有独特价值的活动。②围绕具有独特价值的活动进行持续的技术创新以构建核心竞争力。③设计商业模式时还应结合外部环境。

广东是全球制造业基地，市场经济比较发达，拥有较好的制造业发展硬件和软件，因而广东中小企业商业模式创新的最大特色便是与制造业紧密结合。具体表现为：互联网＋传统制造业、制造业与服务业融合、制造业跨界融合。

尽管广东中小企业在商业模式创新方面不断探索和实践，但是以土地、劳动力、简单分工和规模化生产为特征的传统商业模式仍占主导地位，这导致广东商业模式创新仍面临着严峻的问题。主要表现为：一是创新能力不足（以成本为核心的"比较优势"逐渐消失）；二是创新意识不强（以特惠政策为保障的"制度红利"容易被复制）；三是创新体系不健全（传统的科技创新支持体系不能适应商业模式创新）。

广东应紧紧把握商业模式创新的趋势，借鉴国内外商业模式创新的经验，超越传统的线性思维模式，以系统性、整体性、开放性思维模式来全面推进商业模式创新。要坚持"政府搭台，企业唱戏，市场化运作"的工作方式，从培育环境、搭建平台等方面入手，构建商业模式创新生态系统，推动广东商业模式创新。从"有为政府"的角度思考，具体对策建议如下：第一，提升商业模式创新的战略高度。建议将商业模式创新上升为广东发展战略，在省经济和信息化委员会下设"商业模式创新领导小组"，全面领导和统筹推进广东的商业模式创新发展战略。第二，搭建支持商业模式创新的各类平台。建议成立商业模式创新孵化器，搭建商业模式创新公共服务平台。鼓励金融机构支持商业模式创新，以"金融＋商业模式创新"的方式，支持广东地区企业商业模式创新。第三，打造商业模式创新的生态系统。商业模式创新离不开创新生态系统的建设与完善，需要企业、科研院所、中介机构等各种参与主体协同发展。第四，营造有利于商业模式创新的营商环境。加大力度建设法治化、市场化、国际化的营商环境，营造培育新型商业模式成长的优质土壤。第五，实现商业模式创新的区域联动和协同。以建设粤港澳大湾区为契机，发挥港澳国际金融中心和自由港优势，促进商业模式创新，服务广东本地企业优化升级。

通过对华大基因案例的研究，我们发现长尾商业模式的成功运用，使华大基因在满足消费者日益丰富的个性化、差异化的小众需求的情况下，降低了边际成本，实现了小众市场与传统大市场的结合。通过该商业模式的运行，华大基因在其领域市场占有率、营业收入和盈利上均呈高速增长态势，实现了公司由小到大、由弱到强的转变，实现了中小企业的"逆袭"。其启示主要有以下几点：一是华大基因依托互联网，实施"线上+线下"的运营模式，有效地推动了长尾商业模式的实现；二是华大基因顺应运营环境的变化，规避"长尾市场"运营的缺陷。

通过对达安基因案例的研究，我们发现，在达安基因搭建多边平台商业模式的过程中，有三点值得我们学习借鉴：一是达安基因始终坚持自己的核心技术领域，将有限的资源发力在分子诊断和基因测序两个精准医疗的核心技术研发当中。二是达安基因的多边平台很好地解决了"先有鸡还是先有蛋"的问题。达安基因在医学检测这一IVD下游需求端明确了主要利益主体是实验室和医院，通过建设独立实验室和参与医院投资的方式有效交叉补贴以维持整个平台整体上实现盈利。三是达安基因在完善孵化器模式中充分发挥平台信息交流的优势。达安创谷虽然在孵化器里面的企业股权投资比例不大，但通过在技术和管理两大方面为孵化器企业搭建了良好的交流平台，在网络效应规律的作用下，孵化器企业能够及时快速地获取投资机会和解决技术管理创新困难的资源，极大地推动了企业的快速发展。

通过对冠昊生物案例的研究，冠昊生物兼顾内涵式发展与外延式扩张，通过资源的有效整合，在实际探索中建立了内外兼收的商业模式：一方面，冠昊生物依托核心业务，利用再生材料医药技术平台和细胞与干细胞应用平台两大平台，把握自身优势，为公司创造价值；另一方面，冠昊生物依托冠昊生命科技园，以并购为手段，嫁接全球领先资源，扩张生命健康相关领域，为公司带来新的活力。在公司发展的不同阶段，冠昊生物把握好二者的平衡，为生物医药行业中小企业的发展带来很大的参考价值。

综上，在中国经济进入新常态的背景下，中小企业要破解市场需变化，突破大企业"围逼"实现"逆袭"，技术创新和商业模式创新"双管齐下"是理论上和现实中可行的路径。广东的中小企业面临着供给侧改革的压力、国际市场需求不足、经营成本压力较大、转型升级动力不足等诸多困难。从理论上看，技术创新是广东中小企业取得核心竞争优势、提升产品质量、满足高水平需求侧要求、实现转型升级的主要动力。商业模式创新是将技术创新与市场对接，实现超额利润的重要途径。技术创新与商业模式创新融合是实现广东中小企业"逆袭"的必然选择。从实践角度看，广东省的中小企业利用技术创新逐渐发展壮大实现国际领先，已经涌现出来了不少表率，发挥广东特色优势利用商业模式创新实现做强做大的案例也屡见不鲜。广东省应坚持"政府搭台，企业唱戏，市场化运作"的模式，为广大中小企业打造良好的创新环境和营商环境，为广大中小企业发展壮大保驾护航，为中国企业赶超世界先进水平提供"广东经验"和"广东样本"。

参 考 文 献

[1] 毕克新,孙金花,张铁柱,等.基于模糊积分的区域中小企业技术创新测度与评价[J].系统工程理论与实践,2005(2).

[2] 蔡树堂,吕自圆.研发人员激励制度对企业技术创新能力影响程度的实证研究——以科技型中小企业为例[J].工业技术经济,2015(5).

[3] 蔡晓慧,茹玉骢.地方政府基础设施投资会抑制企业技术创新吗?——基于中国制造业企业数据的经验研究[J].管理世界,2016(11).

[4] 陈劲,陈钰芬.开放创新体系与企业技术创新资源配置[J].科研管理,2006(3).

[5] 陈晓红,解海涛.基于"四主体动态模型"的中小企业协同创新体系研究[J].科学学与科学技术管理,2006(8).

[6] 陈晓红,李喜华,曹裕.技术创新对中小企业成长的影响——基于我国中小企业板上市公司的实证分析[J].科学学与科学技术管理,2009(4).

[7] 陈晓红,马鸿烈.中小企业技术创新对成长性影响——科技型企业不同于非科技型企业[J].科学学研究,2012(11).

[8] 陈晓红,彭子晟,韩文强.中小企业技术创新与成长性的关系研究——基于我国沪深中小上市公司的实证分析[J].科学学研究,2008(5).

[9] 池仁勇.区域中小企业创新网络形成、结构属性与功能提升:浙江省实证考察[J].管理世界,2005(10).

[10] 迟宁,邓学芬,牟绍波.基于技术创新的中小科技企业成长性评

价——我国中小企业板上市公司的实证分析 [J]. 技术经济与管理研究, 2010 (5).

[11] 傅家骥. 技术创新学 [M]. 北京：清华大学出版社, 1998.

[12] 傅利平, 柳飞红. 基于 C–2R 模型的中小企业技术创新绩效评价 [J]. 统计与决策, 2009 (3).

[13] 郭韬, 任雪娇, 邵云飞. 制度环境对创业企业绩效的影响：商业模式的视角 [J]. 预测, 2017 (6).

[14] 姜波, 毛道维. 科技型中小企业资本结构与企业社会资本关系研究：技术创新绩效的观点 [J]. 科学学与科学技术管理, 2011 (2).

[15] 姜慧, 沈强, 高怡冰. 广东中小企业创新项目绩效评估研究——以科技型中小企业创新基金项目为例 [J]. 科技管理研究, 2017 (12).

[16] 可星, 郑季良. 西部中小企业开放式技术创新管理浅析 [J]. 科技管理研究, 2010 (12).

[17] 弗里曼 C. 技术政策与经济绩效：来自日本的经验 [M]. 南京：东南大学出版社, 2008.

[18] 李鸿磊, 柳谊生. 商业模式理论发展及价值研究述评 [J]. 经济管理, 2016 (9).

[19] 李黎, 莫长炜, 蓝海林. 政治资源对商业模式转型的影响——来自我国中小企业的证据 [J]. 南开管理评论, 2015 (5).

[20] 李鑫伟, 牛雄鹰. 国际化路径、技术创新与区域中小企业成长——基于省际面板数据的实证检验 [J]. 技术经济, 2017 (6).

[21] 李胤奇, 李柏洲. 知识网络环境下企业技术创新自主性与协同性比较研究——基于空间杜宾模型的实证 [J]. 科技进步与对策, 2017 (3).

[22] 刘友金. 集群式创新：中小企业技术创新的有效组织模式 [J]. 经济学动态, 2004 (5).

[23] 陆立军, 郑小碧. 基于系统范式的中小企业集群创新优势研究 [J]. 科学学与科学技术管理, 2010 (5).

[24] 吕东, 云乐鑫, 范雅楠. 科技型创业企业商业模式创新与适应性成长研究 [J]. 科学学与科学技术管理, 2015 (11).

[25] 年志远. 中小企业技术创新的模式选择——模仿创新 [J]. 科学管理研究, 2004 (6).

[26] 欧阳峣, 徐姝. 基于社会资本理论的中小企业技术创新网络构建 [J]. 系统工程, 2007 (1).

[27] 千庆兰, 陈颖彪, 董晓敏. 中小企业技术创新行为与创新环境的实证研究——基于广东省785家中小企业的问卷调查 [J]. 地理科学, 2008 (4).

[28] 沈达勇. 基于技术创新能力的中小企业内生性成长性研究 [J]. 当代经济科学, 2017 (3).

[29] 粟进, 宋正刚. 科技型中小企业技术创新的关键驱动因素研究——基于京津4家企业的一项探索性分析 [J]. 科学学与科学技术管理, 2014 (5).

[30] 陶秋燕, 孟猛猛. 网络嵌入性、技术创新和中小企业成长研究 [J]. 科研管理, 2017 (1).

[31] 王学军, 孙炳. 变革型商业模式、双元营销能力与价值创造 [J]. 广东财经大学学报, 2017 (5).

[32] 王中华, 赵曙东. 中小企业技术创新模式研究 [J]. 中国科技论坛, 2009 (7).

[33] 吴晓波, 郑健壮. 企业集群技术创新环境与主要模式的研究 [J]. 研究与发展管理, 2003 (2).

[34] 吴岩. 基于主成分分析法的科技型中小企业技术创新能力的影响因素研究 [J]. 科技管理研究, 2013 (14).

[35] 阳双梅, 孙锐. 论技术创新与商业模式创新的关系 [J]. 科学学研究, 2013 (10).

[36] 姚世斌. 基于技术创新的中小企业成长性实证研究 [J]. 科技管理研究, 2010 (5).

[37] 余菲菲. 联盟组合多样性对技术创新路径的影响研究——基于科技型中小企业的跨案例分析 [J]. 科学学与科学技术管理, 2014 (4).

[38] 云乐鑫, 杨俊, 张玉利. 创业企业如何实现商业模式内容创新?——基于"网络—学习"双重机制的跨案例研究 [J]. 管理世界,

2017（4）.

［39］张凤海，侯铁珊，欧珊，等. 技术创新与中小企业生命力关系实证研究［J］. 科技进步与对策，2013（3）.

［40］张会荣，张玉明. 技术创新、股权结构与中小企业成长［J］. 山东社会科学，2014（2）.

［41］张惠琴，南毅. 中小企业竞争战略与激励机制对技术创新策略选择的影响——以四川省中小企业为例［J］. 软科学，2011（9）.

［42］张军，鲍璇. 我国中小企业技术创新实现模式初探［J］. 软科学，2005（3）.

［43］张艳清. 产业集群内中小企业技术创新与政府行为［J］. 企业经济，2011（9）.

［44］张永强，安欣欣，朱明洋. 高管主动性人格与商业模式创新研究［J］. 科学学与科学技术管理，2017（10）.

［45］张越，赵树宽. 基于要素视角的商业模式创新机理及路径［J］. 财贸经济，2014（6）.

［46］张震宇，陈劲. 开放式创新环境下中小企业创新特征与实践［J］. 科学学研究，2008（S2）.

［47］CHESBROUGH H, ROESENBLOOM R S. The role of the business model in capturing value from innovation：evidence from Xerox Corporation's technology spin-off companies［J］. Social science electronic publishing，2002，11（3）.

［48］CHESBROUGH H W. Open innovation：the new imperative for creating and profiting from technology［M］. Cambridge, MA.：Harvard Business Press，2003.

［49］FAEMS D, VISSER M D, ANDRIES P, et al. Technology alliance portfolios and financial performance：value-enhancing and cost-increasing effects of open innovation［J］. Journal of product innovation management，2010，27（6）.

［50］FU X. How does openness affect the importance of incentives for innovation［J］. Research policy，2012，41（3）.

［51］GIESEN E, SAUL J, BERMAN R B, et al. Three ways to successfully innovate your business model ［J］. Strategy & leadership, 2007, 35 (6).

［52］HEKKERT M P, SUURS R A A, NEGRO S O, et al. Functions of innovation systems: a new approach for analysing technological change ［J］. Technological forecasting & social change, 2007, 74 (4).

［53］HOSSAIN M, KAURANEN I. Open innovation in SMEs: a systematic literature review ［J］. Journal of strategy & management, 2016, 9 (1).

［54］HUANG H C, LAI M C, LIN L H, et al. Overcoming organizational inertia to strengthen business model innovation ［J］. Journal of organizational change management, 2013, 26 (6).

［55］JOHNSON M W, CHRISTENSEN C M. Reinventing your business model ［J］. Harvard business review, 2008, 35 (12).

［56］LEE S, PARK G, YOON B, et al. Open innovation in SMEs—an intermediated network model ［J］. Research policy, 2010, 39 (2).

［57］MITCHELL D, COLES C. The ultimate competitive advantage of continuing business model innovation ［J］. Journal of business strategy, 2003, 24 (5).

［58］OSTERWALDER A, PIGNEUR Y, TUCCI C L. Clarifying business models: origins, present, and future of the concept ［J］. Communications of the association for information systems, 2005, 16 (16).

［59］PADILLA-MELENDEZ A, AGUILA-OBRA A R D, LOCKETT N. Shifting sands: regional perspectives on the role of social capital in supporting open innovation through knowledge transfer and exchange with small and medium-sized enterprises ［J］. International small business journal, 2013, 31 (3).

［60］PARIDA V, WESTERBERG M, FRISHAMMAR J. Inbound open innovation activities in high-tech smes: the impact on innovation performance ［J］. Journal of small business management, 2012, 50 (2).

［61］SRIVASTAVA M K, GNYAWALI D R. When do relational resources matter? leveraging portfolio technological resources for breakthrough innovation ［J］. The academy of management journal, 2011, 54 (4).

[62] TEECE D J. Business models, business strategy and innovation [J]. Long range planning, 2010, 43 (2-3).

[63] THEYEL N. Extending open innovation throughout the value chain by small and medium-sized manufacturers [J]. International small business journal, 2013, 31 (3).

[64] VELU C, STILES P. Managing decision-making and cannibalization for parallel business models [J]. Long range planning, 2013, 46 (6).

[65] VRANDE V V D, JONG J P J D, VANHAVERBEKE W, et al. Open innovation in SMEs: trends, motives and management challenges [J]. Technovation, 2009, 29 (6-7).

[66] ZOTT C, AMIT R, MASSA L. The business model: recent developments and future research [J]. Social science electronic publishing, 2011, 37 (4).

[67] ZOTT C, AMIT R. Business model design and the performance of entrepreneurial firms [J]. Organization science, 2007, 18 (2).

附录 《中小企业划型标准规定》

关于印发中小企业划型标准规定的通知

工信部联企业〔2011〕300号

各省、自治区、直辖市人民政府,国务院各部委、各直属机构及有关单位:

为贯彻落实《中华人民共和国中小企业促进法》和《国务院关于进一步促进中小企业发展的若干意见》(国发〔2009〕36号),工业和信息化部、国家统计局、发展改革委、财政部研究制定了《中小企业划型标准规定》。经国务院同意,现印发给你们,请遵照执行。

工业和信息化部国家统计局
国家发展和改革委员会财政部
二○一一年六月十八日
中小企业划型标准规定

一、根据《中华人民共和国中小企业促进法》和《国务院关于进一步促进中小企业发展的若干意见》(国发〔2009〕36号),制定本规定。

二、中小企业划分为中型、小型、微型三种类型,具体标准根据企业从业人员、营业收入、资产总额等指标,结合行业特点制定。

三、本规定适用的行业包括：农业、林业、牧业、渔业，工业（包括采矿业，制造业，电力、热力、燃气及水生产和供应业），建筑业，批发业，零售业，交通运输业（不含铁路运输业），仓储业，邮政业，住宿业，餐饮业，信息传输业（包括电信、互联网和相关服务），软件和信息技术服务业，房地产开发经营，物业管理，租赁和商务服务业，其他未列明行业（包括科学研究和技术服务业，水利、环境和公共设施管理业，居民服务、修理和其他服务业，社会工作，文化、体育和娱乐业等）。

四、各行业划型标准为：

（一）农、林、牧、渔业。

营业收入20000万元以下的为中小微型企业。其中，营业收入500万元及以上的为中型企业，营业收入50万元及以上的为小型企业，营业收入50万元以下的为微型企业。

（二）工业。

从业人员1000人以下或营业收入40000万元以下的为中小微型企业。其中，从业人员300人及以上，且营业收入2000万元及以上的为中型企业；从业人员20人及以上，且营业收入300万元及以上的为小型企业；从业人员20人以下或营业收入300万元以下的为微型企业。

（三）建筑业。

营业收入80000万元以下或资产总额80000万元以下的为中小微型企业。其中，营业收入6000万元及以上，且资产总额5000万元及以上的为中型企业；营业收入300万元及以上，且资产总额300万元及以上的为小型企业；营业收入300万元以下或资产总额300万元以下的为微型企业。

（四）批发业。

从业人员200人以下或营业收入40000万元以下的为中小微型企业。其中，从业人员20人及以上，且营业收入5000万元及以上的为中型企业；从业人员5人及以上，且营业收入1000万元及以上的为小型企业；从业人员5人以下或营业收入1000万元以下的为微型企业。

（五）零售业。

从业人员300人以下或营业收入20000万元以下的为中小微型企业。其中，从业人员50人及以上，且营业收入500万元及以上的为中型企业；

从业人员 10 人及以上，且营业收入 100 万元及以上的为小型企业；从业人员 10 人以下或营业收入 100 万元以下的为微型企业。

（六）交通运输业。

从业人员 1000 人以下或营业收入 30000 万元以下的为中小微型企业。其中，从业人员 300 人及以上，且营业收入 3000 万元及以上的为中型企业；从业人员 20 人及以上，且营业收入 200 万元及以上的为小型企业；从业人员 20 人以下或营业收入 200 万元以下的为微型企业。

（七）仓储业。

从业人员 200 人以下或营业收入 30000 万元以下的为中小微型企业。其中，从业人员 100 人及以上，且营业收入 1000 万元及以上的为中型企业；从业人员 20 人及以上，且营业收入 100 万元及以上的为小型企业；从业人员 20 人以下或营业收入 100 万元以下的为微型企业。

（八）邮政业。

从业人员 1000 人以下或营业收入 30000 万元以下的为中小微型企业。其中，从业人员 300 人及以上，且营业收入 2000 万元及以上的为中型企业；从业人员 20 人及以上，且营业收入 100 万元及以上的为小型企业；从业人员 20 人以下或营业收入 100 万元以下的为微型企业。

（九）住宿业。

从业人员 300 人以下或营业收入 10000 万元以下的为中小微型企业。其中，从业人员 100 人及以上，且营业收入 2000 万元及以上的为中型企业；从业人员 10 人及以上，且营业收入 100 万元及以上的为小型企业；从业人员 10 人以下或营业收入 100 万元以下的为微型企业。

（十）餐饮业。

从业人员 300 人以下或营业收入 10000 万元以下的为中小微型企业。其中，从业人员 100 人及以上，且营业收入 2000 万元及以上的为中型企业；从业人员 10 人及以上，且营业收入 100 万元及以上的为小型企业；从业人员 10 人以下或营业收入 100 万元以下的为微型企业。

（十一）信息传输业。

从业人员 2000 人以下或营业收入 100000 万元以下的为中小微型企业。其中，从业人员 100 人及以上，且营业收入 1000 万元及以上的为中型企业；从业人员 10 人及以上，且营业收入 100 万元及以上的为小型企业；从业人员 10 人以下或营业收入 100 万元以下的为微型企业。

（十二）软件和信息技术服务业。

从业人员 300 人以下或营业收入 10000 万元以下的为中小微型企业。其中，从业人员 100 人及以上，且营业收入 1000 万元及以上的为中型企业；从业人员 10 人及以上，且营业收入 50 万元及以上的为小型企业；从业人员 10 人以下或营业收入 50 万元以下的为微型企业。

（十三）房地产开发经营。

营业收入 200000 万元以下或资产总额 10000 万元以下的为中小微型企业。其中，营业收入 1000 万元及以上，且资产总额 5000 万元及以上的为中型企业；营业收入 100 万元及以上，且资产总额 2000 万元及以上的为小型企业；营业收入 100 万元以下或资产总额 2000 万元以下的为微型企业。

（十四）物业管理。

从业人员 1000 人以下或营业收入 5000 万元以下的为中小微型企业。其中，从业人员 300 人及以上，且营业收入 1000 万元及以上的为中型企业；从业人员 100 人及以上，且营业收入 500 万元及以上的为小型企业；从业人员 100 人以下或营业收入 500 万元以下的为微型企业。

（十五）租赁和商务服务业。

从业人员 300 人以下或资产总额 120000 万元以下的为中小微型企业。其中，从业人员 100 人及以上，且资产总额 8000 万元及以上的为中型企业；从业人员 10 人及以上，且资产总额 100 万元及以上的为小型企业；从业人员 10 人以下或资产总额 100 万元以下的为微型企业。

（十六）其他未列明行业。

从业人员 300 人以下的为中小微型企业。其中，从业人员 100 人及以上的为中型企业；从业人员 10 人及以上的为小型企业；从业人员 10 人以下的为微型企业。

五、企业类型的划分以统计部门的统计数据为依据。

六、本规定适用于在中华人民共和国境内依法设立的各类所有制和各种组织形式的企业。个体工商户和本规定以外的行业，参照本规定进行划型。

七、本规定的中型企业标准上限即为大型企业标准的下限,国家统计部门据此制定大中小微型企业的统计分类。国务院有关部门据此进行相关数据分析,不得制定与本规定不一致的企业划型标准。

八、本规定由工业和信息化部、国家统计局会同有关部门根据《国民经济行业分类》修订情况和企业发展变化情况适时修订。

九、本规定由工业和信息化部、国家统计局会同有关部门负责解释。

十、本规定自发布之日起执行,原国家经贸委、原国家计委、财政部和国家统计局2003年颁布的《中小企业标准暂行规定》同时废止。